国家社科基金项目"精准扶贫战略下少数民族贫困地区农村男性婚姻挤压问题研究"（编号：16BSH059）结项成果

贫困地区农村
男性婚姻挤压问题研究

PINKUN DIQU NONGCUN
NANXING HUNYIN JIYA WENTI YANJIU

尹旦萍 / 著

人民出版社

责任编辑:郭　娜
封面设计:周方亚
责任校对:陈艳华

图书在版编目(CIP)数据

贫困地区农村男性婚姻挤压问题研究/尹旦萍 著. —北京:人民出版社,
　2019.12(2024.1 重印)
ISBN 978 - 7 - 01 - 021610 - 2

Ⅰ.①贫… Ⅱ.①尹… Ⅲ.①贫困区-农村-男性-婚姻问题-研究-中国
Ⅳ.①D669.1

中国版本图书馆 CIP 数据核字(2019)第 276682 号

贫困地区农村男性婚姻挤压问题研究
PINKUN DIQU NONGCUN NANXING HUNYIN JIYA WENTI YANJIU

尹旦萍　著

人民出版社 出版发行
(100706　北京市东城区隆福寺街 99 号)

中煤(北京)印务有限公司印刷　新华书店经销

2019 年 12 月第 1 版　2024 年 1 月北京第 2 次印刷
开本:710 毫米×1000 毫米 1/16　印张:13.5
字数:200 千字

ISBN 978 - 7 - 01 - 021610 - 2　定价:79.00 元

邮购地址 100706　北京市东城区隆福寺街 99 号
人民东方图书销售中心　电话 (010)65250042　65289539

自　序

　　研究男性婚姻挤压问题于我不是偶然，而是近些年来研究众多性别议题的自然延伸。

　　最先激发我思考农村男性婚姻挤压问题的，是在我的社会交往网络中越来越多的男性遭遇到了严重的婚姻难题。我曾经生活在一个偏远农村，那是一个典型的熟人社会，在方圆十几公里以内，在上溯至 19 世纪末的村民记忆中，一生未婚娶的男性屈指可数。可到了 20 世纪末，村中的女孩纷纷嫁往城市、到发达地区去追逐梦想，我的朋友圈中找不到对象的男性队伍越来越壮大，年龄梯队从"70 后""80 后"到"90 后"。发达地区及优势人群不知不觉抢占了有限的女性婚姻资源，落后地区及弱势群体成为全国范围内出生人口性别比失衡的最终埋单者，婚姻市场成为男性争夺婚姻资源的竞技场。

　　尽管男性婚姻挤压问题在贫困地区农村已不鲜见，但它仍然被湮没在诸如贫困问题、人口性别比失衡问题、人口迁移问题、农村社会保障问题和农民问题等社会问题错综复杂的汹涌波涛之中。这一现状促使我走进贫困地区农村，全然置身当地的婚姻生态，亲身感受失婚男的生存境况，会心倾听他们的哀伤愁苦，在身临其境中体会当地的婚姻窘态，在设身处地中理解当事人的生活逻辑，从而尽量客观地呈现一个当下贫困地区农村的婚姻市场现状。

　　这便是本书的缘起。

目　　录

绪　　论

一、问题的提出

婚姻挤压(Marriage Squeeze)是指婚姻市场中性别结构失衡而导致某一性别婚姻资源过剩、另一性别婚姻资源紧缺的一种状态。自 20 世纪 80 年代以来,中国社会出现了出生人口性别比(Sex Ratio at Birth,即每出生百名女婴相对的出生男婴数)畸高的现象且持续至今。随着这些出生人口逐渐进入婚龄,出生人口性别比失衡演变成为婚姻市场人口性别比失衡,未来几十年中国男性将面临严重的婚姻挤压。在诸多因素的影响下,全国范围内的男性婚姻挤压转移到了中西部贫困农村。大量男性被动单身,导致这些地区在弱势积累效应下,又增加了婚姻资源贫困,成为新型弱势群体。

无论是在传统社会,还是在当代中国,建立在婚姻基础上的家庭始终是社会的细胞,是社会成员安身立命之所、生存发展之源。让爱有所依、情有所附、身有所归,在婚姻和家庭的港湾里创造和感受幸福愉悦的美好生活,是人民群众对美好生活最朴实的向往,最真切的诉求。贫困地区农村男性婚姻困境大幅降低当事人的幸福感和获得感,犹如威胁贫困地区农村社会稳定的一枚隐形炸弹,犹如全面建成小康社会的一道刺眼的"伤疤"。

贫困地区农村男性的婚姻挤压是未来中国面临的一个重大的社会问

题,这一问题已成为舆论关注的热点话题,因此亟须学术界对这一问题进行更深入、更多视角的研究,为政府的科学决策提供翔实的资料和科学的方案。

婚姻是最基本的社会关系,是人类为维持正常的社会生活所作出的关于男女匹配的制度化安排。婚姻之于社会,恰如横断面之于岩层,从横断面的纹理脉向即可窥晓岩层的全貌,从婚姻状况也能够最大限度地反映社会生活的面貌。以婚姻家庭问题为切入点洞察社会生活,是古今中外思想家、社会学家们通常的研究路径,并由此催生了一大批传世名著,如英国麦克伦南的《原始婚姻》(1865年),美国摩尔根的《古代社会》(1877年),德国恩格斯的《家庭、私有制和国家的起源》(1884年),英国马林诺夫斯基的《两性社会学》(1927年),英国罗素的《婚姻与道德》(1929年),美国古德的《家庭》(1964年),美国贝克尔的《家庭论》(1981年),等等。中国社会学家们也开辟了通过婚姻家庭了解社会样态的研究通道,如李景汉的《北平郊外之乡村家庭》(1929年)、《五百一十五农村家庭之研究》(1931年),潘光旦的《中国之家庭问题》(1931年),言心哲的《农村家庭调查》(1935年),孙本文的《现代中国家庭问题》(1942年),费孝通的《生育制度》(1947年),等等,无不是瞭望时代变迁和社会生活的文字化石。改革开放以来,婚姻、家庭社会学更是成为社会学的一个重要分支,大量相关研究成果喷涌而出。通过当前贫困地区农村男性的婚姻挤压问题,纵深洞见贫困地区农村社会乃至整个社会结构的样貌及变迁,是解读中国社会结构的一个独特视角。

二、学术背景

当前中国男性面临的婚姻挤压不是中国社会的独特现象,而是一种具有普遍性的现象。在历史上,中世纪英国人口性别比达到了133,15世纪意大利出生人口性别比为 114.6,18 世纪末澳洲土著的性别比约为 150,19 世纪北美阿拉斯加区域的同一指标是 173,20 世纪中叶南美一些部落的性别比高达 115—148,日本在 1884—1930 年间性别比从 112.5 一路飙升到 139.8。这一状况一直持续到当代,特别是亚洲的性别比失衡现象尤为严重。[①] 性别比失衡导致婚姻挤压,特别是中国的出生人口性别比失衡导致的男性婚姻挤压问题,已经引起了全世界学术界的广泛关注。国内外学术界对婚姻挤压问题的研究成果如下:

(一) 国外研究

国外学者关于婚姻挤压的研究起步于 20 世纪 60 年代,他们偏重于对婚姻挤压现象的原因进行阐释,其阐释大致从以下视角展开:一是从人口学角度,认为人口出生率下降、婚龄人口性别比失衡、人口迁移和选择性杀婴会导致婚姻挤压。一项对美国婚姻市场的研究显示,在 20 世纪 50 年代,单身男性的结婚率急骤上升,而单身女性的结婚率显著下降,即出现了女性的婚姻挤压现象,其原因主要是最佳结婚年龄人口性别比失衡所致。[②] 一项对意大利 1969—1995 年间相关数据的研究发现,人口出生率的急剧下降以及国内的移民导致了对男性极其不利的婚姻市场。[③] 一项对中国台湾的研究认为,外来新娘影响了台湾婚姻市场。自 1970 年后,台湾出现了出生人口性别比偏高现象,婚姻市场似乎有利于女性。但随着大陆的开放,大陆女性为了寻求更好的生活,嫁往台湾,缓解了男性婚姻需求。而近些年来,越

---

① 〔美〕瓦莱丽·M.赫德森、〔英〕安德莉亚·M.邓波尔:《光棍危机——亚洲男性人口过剩的安全启示》,邱彰译,中央编译出版社 2016 年版,第 32—64 页。

② Akers, Donald S., "On Measuring the Marriage Squeeze", *Demography*, 1967, 4 (2): 907-924.

③ Fraboni, R. and Billari, F.C., "Measure and Dynamics of Marriage Squeezes: From Baby Boom to Baby Bust in Italy", MPIDR WORKING PAPER WP 2001-005. Retrieved from http://www.demogr.mpg.de/Papers/Working/wp-2001-005.pdf.2001.

南、印度尼西亚、柬埔寨等国女孩涌入我国台湾婚姻市场,使台湾本地底层女性面临极为不利的婚姻市场。[1] 赫德森和邓波尔认为杀女婴、性别选择性堕胎、幼女的高死亡率都将导致无法预计的为数众多的过剩男性。[2] 二是从婚姻文化视角,认为梯度择偶模式、婚配年龄差、种族内婚配规则等造成了婚姻挤压。Josh Angrist 认为,移民性别比影响了第二代的婚姻,最重要的原因是移民和他们的子女通常在同一种族中结婚。[3] 男女婚配年龄差也会造成婚姻挤压。一项对加拿大重要统计数据和人口普查数据的研究发现,适婚人口年龄的性别差异导致了不同年龄段男女的婚姻挤压,男性在20多岁时,婚姻可得性指标较低,而后迅速增加,到50岁时可达到1∶1的比例;女性在20多岁时,婚姻可得性指标最高,其后逐渐降低,到50岁时,100位女性只对应50位男性。[4] 一项针对黑人女性结婚率下降的研究表明,那些教育水平、收入和职业声望高的黑人男性跨种族通婚是降低黑人女性结婚机会的重要原因。[5] 日本的婚姻市场发生了从20世纪50年代的女性婚姻挤压到70年代男性婚姻挤压的重大转变。前者是因为第二次世界大战期间成年男性的意外死亡,后者则是由婴儿潮和女性教育获得的可行性推迟了结婚年龄所致。[6] 三是从社会性别视角,认为妇女解放运动引起

---

① Wen Shan Yang and Ying-ying Tiffny Liu, *Gender Imbalances and the Twisted Marriage Market in Taiwan*, Springer Netherlands, 2014, 35.pp.117-130.

② [美]瓦莱丽·M.赫德森、[英]安德莉亚·M.邓波尔:《光棍危机——亚洲男性人口过剩的安全启示》,邱彰译,中央编译出版社2016年版,第177页。

③ Josh Angrist, "Consequences of Imbalanced Sex Ratioes: Evidence From America's Second Generation", *National Bureau of Economic Research Working Paper* No.8042, 2000.

④ Veevers Jean E., "The 'Real' Marriage Squeeze: Mate Selection, Mortality, and the Mating Gradient", *Sociol Perspect*, 1988 Apr; 31(2).pp.169-189.

⑤ Kyle D.Crowder, Stewart E.Tolnay, "A New Marriage Squeeze for Black Women: The Role of Racial Intermarriage by Black Men", *Journal of Marriage and Family*, 2000, Volume 62, Issue 3, pp.792-807.

⑥ Shinji Anzo, "Measurement of the Marriage Squeeze and its Application", 《人口学研究》1985(5), pp.1-9.

了婚姻挤压,如 Heer 和 Grossbard Shechtma 发现,避孕技术革命、婚龄人口性别比降低的显著变化与妇女解放运动相互关联,妇女解放运动不仅影响了妇女的结婚率,还影响了社会的离婚率、夫妻生育率,这是 20 世纪妇女结婚率低的重要因素。①

赫德森和邓波尔总结了受婚姻挤压男性的典型特征:第一,光棍大多数处于社会最底层,他们没有筹码谈论婚嫁,多数孤独终老;第二,在市场经济中,光棍多为失业游民,他们多屈就一些低层次、危险、重劳力或是季节性的工作;第三,光棍像浮萍,他们与工作地点多无地缘关系,频繁地换工作,隐匿性很高;第四,光棍们生活在一起,彼此影响,渐渐形成专属光棍的独特亚文化圈。②

除解释原因和分析特征外,有学者还分析了婚姻挤压的后果,提出了被迫失婚男性由于正常婚内性生活的不可获性,在选择婚外性行为和无保护性行为时,更易感染 HIV,③大规模的单身男性可能带来犯罪率的上升、反社会行为、暴力与冲突、女性在高性别比的社会中原本已经很低的社会地位变得更低,女性被绑架及买卖的可能性大增,当年龄层较高的男性都想娶年纪轻的女性为妻时,新娘的年龄降低了,面临着多生育,女性做娼妓者众的危险④等观点。一项针对中国女孩"消失"现象的研究认为,中国出生人口性别比失衡将导致三方面的后果,卖淫嫖娼的盛行、性病/HIV 的传播,传统

---

① David M. Heer and Amyra Grossbard－Shechtman, "The Impact of the Female Marriage Squeeze and the Contraceptive Revolution on Sex Roles and the Women's Liberation Movement in the United States, 1960 to 1975", *Journal of Marriage and the Family*, 1981.43(1):49-65.

② [美]瓦莱丽·M.赫德森、[英]安德莉亚·M.邓波尔:《光棍危机——亚洲男性人口过剩的安全启示》,邱彰译,中央编译出版社 2016 年版,第 178—181 页。

③ Ebenstein, A.Y. and E.Sharygin, "Bare Branches, Prostitution, and HIV in China: A Demographic Analysis", In *Gender Policy and HIV in China*, edited by Joseph D. Tucher, and Dudley L. New York: Springer.2009, pp.71-94.

④ [美]瓦莱丽·M.赫德森、[英]安德莉亚·M.邓波尔:《光棍危机——亚洲男性人口过剩的安全启示》,邱彰译,中央编译出版社 2016 年版,第 192—196 页。

的家庭养老模式遭受危机,失婚男身体和经济上的损失。[1]

还有学者探讨了应对婚姻挤压的策略,如 Stone 等人提出了两个假说:一是经典性别比例择偶偏好转移假说,即在性别比不平衡的社会,过剩的性别会降低择偶标准,以增加获得较少性别伴侣的可能性;二是可替代性别比择偶偏好转移假说,即在性别比例低的社会,男性会降低择偶标准,以获得更多短期交配的机会,而女性将提高他们的标准,避免被人欺骗寻求短期关系。研究结果是对男性的研究支持了经典性别比例择偶偏好转移假说,而对女性的研究支持了可替代性别比择偶偏好转移假说。[2] 赫德森和邓波尔提出政府在处理男性婚姻过剩时,至少可采取 6 种对策:鼓励男性向境外流动、鼓励女性向境内流动、开垦边疆、健全社会保障体系、改善女性社会地位和提供多种激励措施。[3]

同时,国外学者高度关注中国的男性婚姻挤压现象,认为中国生育率的下降刺激了高比例的"女孩消失",导致越来越多的男性无法结婚,面临着老年没有妻子和孩子提供支持的困境。从历史上看,中国男性围绕婚姻资源展开的竞争非常激烈。由于女性青睐有更好发展前景的男人,并在需要的时候从穷困地区迁移到富裕地区,因此低学历的男人独身率高。在不同地区,新娘短缺和婚姻梯度的后果呈现差异,失婚男性可能集中在不能向其公民提供社会保障的财政贫困省市,失婚男地理分布集中可能会造成社会危害。[4] 同

---

① Avraham Ebenstein, Ethan Jennings Sharygin, "The Consequences of 'Missing Girls' in China", *The World Bank Economic Review*, Advance Access Publication, 2009, Vol. 23, NO. 3, pp. 399-425.

② Stone, E. A., T. K. Shackelford, and D. M. Buss, "Sex Ratio and Mate Preferences: A Cross-cultural Investigation", *European Journal of Social Psychology*, 2007. 37(2), pp. 288-296.

③ [美]瓦莱丽·M.赫德森、[英]安德莉亚·M.邓波尔:《光棍危机——亚洲男性人口过剩的安全启示》,邱彰译,中央编译出版社 2016 年版,第 228—239 页。

④ Das Gupta, Monica, Avraham Ebenstein, Ethan Jennings Sharygin, "China's Marriage Market and Upcoming Challenges for Elderly Men", *The World Bank Policy Research Paper* WPS5351, 2010.

时,学者们还预测了中国男性婚姻挤压的规模,如 Poston,Dudley L.Jr.和 Karen S.Glover 预计 21 世纪前几十年中国将有 2300 万男性失婚,[1]Hesketh 通过对 2005 年中国人口 1% 的抽样数据推算,得出 21 岁以下过剩男性人口达 3300 万;[2]赫德森和邓波尔推测,到 2020 年中国将形成 2900 万—3300 万规模的男性过剩人口。[3] Christophe Z.Guilmoto 认为,婚姻挤压的纵向指标显示,在未来三十年婚姻过剩男性将超过 50%,单身汉比例在 2050 年达到峰值,婚姻挤压状况将持续至不受出生人口性别比失衡影响之后几十年。假设出生人口性别比在 2020 年正常化,50 岁未婚男性比例在 2055 年将达到 15%。[4]

(二) 国内研究

中国学者对婚姻挤压问题的研究始于 20 世纪 90 年代末。学者们高度一致地认为出生人口性别比失衡将导致未来几十年男性的婚姻挤压,其学术关注大致从四方面展开:一是运用人口学数据对男性婚姻挤压规模进行测算。郭志刚、邓国胜提出测定婚姻拥挤的两种方法,即理想的夫妻年龄差模式(1—4 岁)和婚配性别比(指按夫妻理想年龄差配对的婚姻市场中男性人口与女性人口数量比),并据此预测,2015 年中国初婚市场的婚配性别比最高可能达到 111.37%,2020 年这一数值会升至 115.98%,即 2015 年和 2020 年初婚市场男性比女性分别多出 11.37% 和 15.98%。[5] 邓国胜根据

---

[1]　Poston,Dudley L.Jr.and Karen S.Glover,"Too Many Males:Marriage Market Implications of Gender Imbalances in China",Genus LXI 2,2005.

[2]　Hesketh,T.,"Too Many Males in China:The Causes and the Consequences",*Significance*,2009.6(1),pp.9-13.

[3]　[美]瓦莱丽·M.赫德森、[英]安德莉亚·M.邓波尔:《光棍危机——亚洲男性人口过剩的安全启示》,邱彰译,中央编译出版社 2016 年版,第 172 页。

[4]　Christophe Z.Guilmoto,"Skewed Sex Ratios at Birth and Future Marriage Squeeze in China and India,2005-2100",*Demography*,2012,Volume 49,Issue 1,pp.77-100.

[5]　郭志刚、邓国胜:《中国婚姻拥挤研究》,《市场与人口分析》2000 年第 3 期,第 2—18 页。

适婚人口性别比,划分出婚姻挤压的四种程度:当适婚人口性别比在 101—110 时,婚姻挤压呈低度;当适婚人口性别比在 110—120 时,婚姻挤压呈中度,会导致少数过剩男性终身不婚;当适婚人口性别比在 120—130 时,婚姻挤压呈重度,会导致相当比例的过剩人口难以婚配;而当适婚人口性别比超过 130 时,婚姻挤压呈极其严重程度,大量过剩人口无法婚配。[①] 孙炜红等预测 2011—2030 年我国婚姻挤压度呈现逐年上升的趋势,初婚市场的婚配性别比 MR 值都大于 100,男性婚姻挤压度越来越高。从 2011—2021 年,MR 值均小于 110,表现出轻度婚姻挤压;从 2022 年开始 MR 值突破 110,由 112.24 增长到 2030 年的 119.86,为中度婚姻挤压,临近高度婚姻挤压值 120。[②] 李树茁等人认为,2013 年以后,婚姻市场上男性过剩人口将在 10% 以上,2015—2045 年间这一数据持续保持在 15% 的高位,平均每年大约有 120 万男性在婚姻市场上找不到初婚对象。[③] 陈友华等人认为,1982 年和 1990 年中国男性过剩人数分别超过 2600 万和 3300 万,2015 年可能超过 4700 万。[④] 康建英等预测,如果出生人口性别比自 2000 年以来保持在 120 左右,到 2030 年 0—49 岁人口中男性比女性将多出 6247 万,中国的女性缺失将是一个长期的现象。[⑤]

二是诠释了婚姻挤压的原因,其中人口性别结构失衡是公认的最重要原因。姜全保、李晓敏等人根据 2010 年人口普查数据及预测数据,发现

---

① 邓国胜:《中国生育率下降的代价:婚姻拥挤》,《社会科学》2000 年第 7 期,第 58—60 页。

② 孙炜红、谭远发:《1989—2030 年中国人口婚姻挤压研究》,《青年研究》2015 年第 5 期,第 78—84 页。

③ 李树茁、姜全保、费尔德曼:《性别歧视与人口发展》,社会科学文献出版社 2006 年版;姜全保、李树茁:《女性缺失与社会安全》,社会科学文献出版社 2009 年版,第 225 页。

④ 陈友华、米勒·乌尔里希:《中国的男性过剩人口——规模、结构、影响因素及其发展趋势分析》,《市场与人口分析》2001 年第 3 期,第 1—11 页。

⑤ 康建英、朱雅丽、原新:《中国出生性别比偏高及未来女性赤字预测》,《南方人口》2006 年第 2 期,第 95—100 页。

2010—2020 年男性并不过剩,相反有些年份还存在短缺,但这主要是由于年龄结构造成的;2020—2034 年,在婚姻挤压的构成中,年龄结构逐步下降,而性别结构因素的作用逐渐上升;2034—2045 年,男性过剩主要是性别结构因素作用的结果,年龄结构因素不起作用或者起到减缓男性过剩的作用。① 徐晓秋认为,经济条件差和性格内向是大龄男性未婚的主要原因,贫困不仅包括低收入、生活条件差、生产难以维持的经济概念,还包括能力缺乏。农村大龄未婚男性教育程度较低,性格内向是造成其能力不足的重要原因。其他原因还有家住太偏僻、懒惰、相貌不好等。②

三是预测或调查了婚姻挤压的社会影响。姜全保、李树茁从婚姻、个体、家庭、社区层面,分析了男性婚姻挤压引发的性压抑、性产业、性疾病、拐卖妇女及犯罪等问题。③ 何生海提出了男性婚姻挤压将转移到贫困地区和民族地区,如贵州等欠发达地区的婚姻挤压更严重的观点④。还有学者发现了婚姻挤压中男方不堪重负的婚姻支付;⑤由于女性婚姻资源的匮乏,一些法律规定患有不宜结婚疾病的女性或残疾女性进入婚姻市场;⑥部分失婚男性通过性交易实现性需求,可能成为一个新的性病和艾滋病高风险群体,架起性病和艾滋病从高风险群体向低风险群体扩散的桥梁⑦等后果。

---

① 姜全保、李晓敏、Marcus W. Feldman:《中国婚姻挤压问题研究》,《中国人口科学》2013 年第 5 期,第 60—67 页。

② 徐晓秋:《贫困农村大龄未婚男性心理福利研究——贵州 CS、XF 县为例》,浙江大学 2014 年博士学位论文,第 93 页。

③ 姜全保、李树茁:《女性缺失与社会安全》,社会科学文献出版社 2009 年版。

④ 转引自杨斌:《农村男性弱势群体的婚姻边疆化问题研究——以贵州为例》,中国社会科学出版社 2010 年版。

⑤ 栗志强:《性别比失衡背景下的农村男方婚姻支付——对豫北 H 镇的调查》,中国社会出版社 2013 年版。

⑥ 刘中一:《婚龄性别比失衡对社会运行和发展的影响——来自吉林省延边朝鲜族自治州农村地区的调查分析》,《东疆学刊》2005 年第 4 期,第 103—108 页。

⑦ 张群林、李树茁、[法]阿塔尼·伊莎贝拉:《中国农村大龄未婚男性:性现状、性风险和性安全》,社会科学文献出版社 2015 年版,第 127—139 页。

四是缓解婚姻挤压的对策建议。徐晓秋从三个层面提出了对策:一是公共政策层面,持续治理出生人口性别比偏高,建立惠及全民的社会保障体制,包括加大宣教力度,建立先进生育文化;加大"两非"的打击力度;促进经济社会全面发展;健全农村社会保障体系。二是社会支持层面,加大社会支持力度,开展社区帮扶服务,把扶助贫困农村大龄未婚青年成家立业纳入扶贫工作总体规划;建立社会支持网络,使大龄未婚男性融入群体生活中;尊重大龄未婚男性选择的生活方式,营造宽松和谐的社会环境;培养大龄未婚男性自尊自信自强自立的意识。三是健康促进层面,开展危险性行为的健康教育,加强心理干预服务。[1]

最近几年,除了持续关注上述问题外,学术界的关注事项有所拓展,如开始研究婚姻受挤压人群的性行为选择。由于大龄未婚男性难以获取正常、稳定的性行为,商业性行为作为一种有效的替代和弥补方式,发生率在农村地区受到婚姻挤压的大龄未婚男性当中存在显著升高的可能性。[2] 婚姻挤压对农村流动人口的生育性别偏好的观念与行为均无显著影响。[3] 儿子失婚以及因儿子失婚而遭受的社会舆论会大幅度降低父母的生活满意度。[4] 婚姻挤压对不同群体安全感产生影响,其中男性群体的安全感水平略低于女性群体,大龄未婚男性是所有群体中安全感水平最低的人群,遭遇婚姻挤压的大龄未婚男性不仅会受到来自家庭和社区的压力,而且婚姻的剥夺也会危及自身身份的认同,从而给其心理带来更为严重的压力,降低其心理的内在安全感受。同时,由于配偶和子女的缺失,大龄未婚男性无法获

---

① 徐晓秋:《贫困农村大龄未婚男性心理福利研究——贵州 CS、XF 县为例》,浙江大学 2014 年博士学位论文,第 95—101 页。

② 杨雪燕、[法]阿塔尼·伊莎贝拉、李树茁:《性别失衡背景下大龄未婚男性的商业性行为——基于中国农村地区的研究发现》,《人口学刊》2013 年第 1 期,第 44—56 页。

③ 靳小怡、谢娅婷、韩雪:《婚姻挤压下农村流动人口的生育性别偏好——基于相对剥夺感视角的分析》,《人口学刊》2013 年第 3 期,第 15—24 页。

④ 郭秋菊、靳小怡:《婚姻挤压下父母生活满意度分析——基于安徽省乙县农村地区的调查》,《中国农村观察》2012 年第 6 期,第 62—71 页。

得正常的社会支持,抵御社会生活困难的能力更弱,因而外在安全感更低。婚姻挤压对农村男性安全感的影响具有时代及地域特征。婚姻挤压对生于1960—1976年间的大龄未婚男性安全感的影响较为突出,他们生于社会较动荡时期,家庭经济水平较低,财富积累较少,到达适婚年龄时正逢改革开放伊始,农村女性人口由内陆向沿海的大规模流动进一步加剧了对这一年龄段男性的婚姻挤压;在经济相对落后、婚姻挤压更为严重的中部和西部地区,大龄未婚男性的安全感受婚姻挤压的影响也较为严重。①

以上成果从理论、视角、资料和方法上为本书提供了研究基础和可贵启迪,但仍存在着需要弥补和推进之处。具体地说:

在理论工具上,多是运用人口学理论分析男性的婚姻挤压问题,而弱于从婚姻市场理论、推拉理论、社会性别理论等多元视角诠释婚姻挤压形成的内在机制。人口学分析框架为我们理解男性婚姻挤压构建了宏阔的视野,但在为何出生人口性别比失衡并不严重的贫困地区农村成为男性婚姻挤压的重灾区这一问题上,缺乏足够的解释力。

在研究内容上,男性婚姻挤压问题被纷繁复杂的社会问题所遮蔽。农村失婚男被掩藏于农民这一阶层中,没有作为一个弱势累积的底层群体受到特殊关注;已有研究多集中对某一方面的后果进行分析,未进行全面系统的研究;未论及男性婚姻挤压的行为失范和社会风险的具体表现,特别是男性的婚姻挤压风险与其他社会风险的互动关系;重视原因阐释,但对策研究关注不够。这些研究内容上的偏废,影响了对这一现象的立体呈现、全面把握和深度思考。

在研究方法上,多是基于人口统计数据对男性婚姻挤压的规模及后果进行理论推测或逻辑推理,缺乏在实证调查基础之上对人群差异和地

---

① 谢娅婷、靳小怡、杜海峰:《婚姻挤压对中国农村不同群体安全感的影响——基于全国百村调查数据的分析》,《西北农林科技大学学报(社会科学版)》2015年第5期,第132—139页。

域差异、形成原因、社会影响等问题进行深入思考和科学阐释;多是对失婚男群体进行跨地域的问卷调查,将纷繁复杂的群体活动框定在 ABCD 有限固定的选项中,不能真正深入呈现这一群体的情感世界、隐私空间和精神面貌。

在研究对象上,多是从宏观层面关注婚姻挤压现象,缺乏对婚姻挤压最严重地区的中观和微观研究;多是对 2009 年以前的调查数据进行分析(如李树苗、靳小怡等人的大量相关研究均是如此),而近十年来农村受婚姻挤压的男性群体数量大增且发生了许多变化,因此需要对变化了的新情况进行深入调查研究。

三、基本概念及理论假设

(一) 婚姻挤压

婚姻挤压是婚姻市场中婚配人口的性别结构失衡而导致的供需关系失衡状态。在性别供需平衡的情况下,一个社会形成了被大多数人认可的相称的条件匹配标准。在婚姻挤压状态下,性别的过剩方和短缺方分别会调整原有的择偶标准,形成非相称的婚姻资源交换。同时,在资源占有中处于不利地位的过剩方,会被挤逐出婚姻市场,无法婚配而单身。

当婚姻市场中男性数量明显大于女性数量,即婚龄男性过剩而婚龄女性不足时,被称为男性的婚姻挤压;反之,当婚姻市场中女性数量明显大于男性数量,即婚龄女性过剩而婚龄男性不足时,则为女性的婚姻挤压。本书所研究的则是男性的婚姻挤压问题。

(二) 婚姻受挤压男性(失婚男)

大龄未婚男性分为三类:第一类是自愿不婚或单身,即没有结婚意愿;

第二类是有结婚意愿,但未找到合意的结婚对象,却又不愿修正自己的择偶标准,并一直处于寻觅合适对象的过程中;第三类是有结婚意愿,却因为种种原因无妻可娶,无法实现结婚意愿。前两类人群的绝对数量较少,大多出现在城市的精英阶层中,他们有较高的经济地位,有独立思想和生活品位。而第三类则是本书所关注的群体,即对婚姻有着旺盛的需求、处于社会底层、过了适婚年龄仍"找不到老婆"、万般无奈下被迫单身的男性。

　　不同文化、不同时代形成了约定俗成的适婚年龄界线。一般来说,城市的适婚年龄比农村高。在男性婚姻挤压状态下,女性可婚资源的匮乏必然导致部分男性在适婚年龄无法结婚。一项对安徽省 X 县男性初婚风险的调查发现,22—27 岁是当地男性的适婚年龄。超过 27 岁仍未结婚或无稳定对象的男性,其失婚的风险大大增加。① 安徽 X 县农村的适婚年龄在中国农村具有一定的代表性,本书也以此为标准,将调查地 28 岁以上、有着强烈结婚愿望却无妻可娶的未婚男性归类于婚姻受挤压男性,也称之为"失婚男"。② 此外,近年来农村年轻人离婚率不断上扬,那些短婚离异后单身的大龄男性,也在"失婚男"之列。

（三）婚姻市场理论

　　Lamanna 和 Riedmann 明确提出了婚姻市场概念,认为它是婚龄期男性和女性择偶关系的总和,它不是经济社会学意义上的市场,而是在一定时间

---

① 刘利鸽、靳小怡:《社会网络视角下中国农村成年男性初婚风险的影响因素分析》,《人口学刊》2011 年第 2 期,第 21—30 页。

② 很多研究称这一群体为"大龄未婚男性""单身汉""光棍"。其中,"大龄未婚男性"指超过了适婚年龄仍未结婚的男性。这一概念能客观反映特定群体的婚姻状态,却不能反映其渴望结婚却又无法实现婚姻的困境。"单身汉"能准确反映婚姻状态,却无法涵盖其主观意愿,即到底是自愿或被迫单身,易与主动单身的情形混淆。"光棍"无论是在历史上,还是在今天的民间社会,都是一个略有贬义的词语,用这种词来指称一个弱势群体,有失人文关怀和学术伦理。因此,本书选取"失婚男"这一称谓,表示没有达到或找不到婚姻的男性。当然,在行文中,出于表述的需要,如引用、强调某一方面的特点时,也通用其他几个概念。

和范围的婚姻领域内,人们对婚姻配偶的供给和需求关系。① 贝克尔认为,"一个有效的婚姻市场会提供'影子'价格,以指导婚姻参与者,使结婚的预期收益最大化。……'婚姻市场'这个词是个隐含比喻,它表明人类婚姻具有高度的系统性和组织性。"②这个虚拟的婚姻市场与一般市场的原理和假设类似,偏好理论、理性经济人假设、成本收益分析都能适用于对它的研究。婚姻市场与一般的市场相同之处在于,二者都是由供给与需求双方构成的交换。但婚姻市场比一般市场复杂得多,除了供求、竞争及价值等因素,还有情感偏好、生理本性、法律制度、伦理道德、乡规民约,甚至政治意识形态也会左右婚姻市场。此外,一般市场的供给与需求是分离的,而婚姻市场的供给与需求是合二为一的,婚姻把供给与需求结合起来,婚姻需求同时也是婚姻供给。

贝克尔的婚姻市场理论主要从经济学的视角分析婚姻利益最大化的问题,未涉及性别失衡状态下的理性抉择问题。美国学术界曾对 20 世纪 70 年代后美国婚姻市场中女性结婚率下降的现象进行研究,有的学者基于女性期望建立忠诚稳定的婚姻关系,而男性期望建立自由的两性关系这一人性假设,认为婚姻市场上男性数量短缺时,男性面临更多的选择范围以满足性自由的偏好,因此更愿意建立不受约束的两性关系而不是婚姻,男性结婚动机的缺乏是女性结婚率下降的主因;③有的学者认为是婚姻市场上男性可婚资源质量的下滑,难以达到女性婚姻收益最大化预期,降低了女性的结婚动机,导致女性结婚率下降。④ 这些研究都关注到了婚姻市场上的性别

① Lamanna & Riedmann, *Marriages and Families: Making Choices and Facing Change*, Belmont, California: Wadsworth Publishing Company, 1991: 586-587.

② [美]加里·贝克尔:《家庭论》,王献生、王宇译,商务印书馆 2005 年版,第 98 页。

③ Guttentag, M., and P.F.Secord, *Too Many Women: The Sex Ratio Questio*, Sage Publications Beverly Hills, 1983.

④ Lichter, D.T., F.B.LeClere, and D.K.McLaughlin, "Local Marriage Markets and Marital Behavior of Black and White Women", *The American Journal of Sociology* 1991, 96(4): 843-867. Wilson, W.J., *The Truly Disadvantaged: The Inner City, the Underclass, and Public Policy*, Chicago: University of Chicago Press, 1987.

结构对个人婚姻决策的影响。但这些理论或观点是对美国文化背景下女性的婚姻抉择，尤其是对社会经济地位较高的女性的婚姻行为进行实证研究得出的结论。对于出生人口性别比持续高位、社会主义市场经济条件下人口大规模迁移的中国社会，这些理论是否能适用男性的婚姻行为，还未可知。

（四）理论假设

本书借用婚姻市场理论，认为婚姻市场是指在一定的时间和空间范围内，由适龄未婚人口作为婚姻对象的供给与需求方而形成的一个虚拟交易场所。婚姻市场主体在"市场交易"中逐渐准确定位自身和对方的估值，"如果估价太高，其成功率不高。如果估价低了，他们就会发现许多候选人，从而知道自己的价值比估计的要高一些。"①这个估值便成为婚姻市场主体选择匹配配偶的依据。本书对婚姻市场理论进行了一些修正和补充，提出供求规律是婚姻市场的最基本规律，性别失衡所导致的供求关系的失衡是搅动婚姻市场理性的最大变量。

本书的理论假设是：随着 20 世纪 80 年代以来出生的人口纷纷进入婚龄，在中国整体适婚人口男多女少的婚姻市场，贫困地区农村的适婚女性实现了向资源优势地区的婚姻迁移。本地可婚女性的短缺致使婚姻市场是一个女方市场，部分资源弱势男性面临婚姻挤压。受挤压男性由于无法获得婚姻的社会功能，形成了弱势积累效应，对个体、社会均构成了巨大的风险，因此应该积极探索应对措施。

四、调查地点及对象

本书的调查地为 C 市的 M 镇。C 市位于云贵高原东北的延伸部分，巫

---

① [美]古德：《家庭》，魏章玲译，社会科学文献出版社 1986 年版，第76页。

山流脉和武陵山北上余支交会于此,清江、郁江发源于此。史载雍正十三年(1735年)朝廷推改土归流之策,在此地建立县级管辖区域。

从地形地貌上看,C市属典型的喀斯特地貌,山地、峡谷、丘陵、山间盆地及河谷平川相互交错,其中以山地地形为主,山脉延绵,沟壑纵横,关隘险峻,历为楚蜀屏障、军事重地。在交通方面,新中国成立以来,境内尽管有318国道、350国道和242国道贯通,但道路盘旋于延绵群山之间,交通成本高,耗时长,且相当危险,与外部的沟通交流殊为不畅,经济社会发展十分闭塞落后。自1985年以来,C市一直被认定为国家级贫困县。进入21世纪以来,在国家相关战略和政策的支持下,沪渝高速、宜万铁路和渝利铁路相继横贯全境,C市终于穿越崇山峻岭的封锁,挤入开放的外部世界,迎来了发展的春天。但由于不沿海、不沿江、不沿边的平庸地理位置,"天无三日晴,地无三里平"的气候和地形特征,薄弱的发展基础,C市经济发展仍较落后,2012年又被列入武陵山集中连片特困地区。2017年全市生产总值达到117亿元,全体居民人均可支配收入15076元,其中城镇居民、农村居民人均可支配收入分别为26711元、9473元。对比同期全国居民人均可支配收入25974元,其中,城镇居民人均可支配收入36396元,农村居民人均可支配收入13432元,可见C市经济发展比较落后。

C市总面积4607平方公里,下辖2个街道办事处、7个镇和5个乡,总人口92.03万人,少数民族占59.2%,其中土家族48.24万人,占52.43%;苗族5.58万人,占6.07%;蒙古族0.23万人,占0.25%;其他少数民族人口0.41万人,占0.45%。C市是自治州内面积最大、人口最多的县级市。

M镇距C市区25公里,占地524平方公里,境内有G50国道贯穿,是C市面积最大、人口最多的镇。全镇下辖50个行政村,全部实现村村通公路。全镇总人口108223人,其中男性56588人,女性51635人。M镇以打工经济为支柱产业,村民到广东、福建、浙江、上海一带务工,从事电子、建筑、装潢、服务行业。此外,经济作物也是村民收入的重要来源。M镇山峦起伏,属典型的山地气候,夏无酷暑,云多雾浓,雨量充沛,空气潮湿,年日照量较少。这种特殊的气候为一些经济作物和中草药的生长提供了天然的环境,当地政府借地利发展种植业,在海拔 800 米以下的低山带,种植烟草、土豆和黄连等,而在海拔 800—1200 米的二高山地带,种植大白菜、包菜等反季节蔬菜。2017 年,M 镇农村居民人均可支配收入达到 10835 元,比全国贫困地区农村居民人均可支配收入 9377 元多 1458 元。可见,无论在全国范围内的贫困地区,还是 C 市,M 镇都属于经济发展状况相对较好的区域。由于全镇地域广阔,发展条件参差不齐,村与村之间、户与户之间收入悬殊较大。总体而言,M 镇既不是男性婚姻挤压最严重的地区,也不是最轻微的地区,能较好地反映贫困地区农村男性婚姻挤压的一般情况。

图 1　M 镇一隅

2016 年以来,笔者多次到 M 镇开展了实证调查。同时,由于大多数失婚男分散在全国各地务工,笔者还根据村干部及其家庭提供的线索,前往 M 镇失婚男务工较集中的厦门、杭州、上海、武汉等地调查。本书调查对象包括失婚男(79 位)、镇村干部(43 位)和村民(37 位)共 159 位。调研主要围绕着 M 镇失婚男的规模、形成原因、生活状况、主要诉求和社会后果展开。出于对访谈地点声誉和访谈对象隐私的保护，书中的地名、人名均进行了技术处理。由于年龄是失婚男身份信息中的关键信息，书中列出了被访失婚男的年龄，对于被访村干部和村民的年龄则不做特别交代。

五、研究方法

由于 20 世纪 80 年代后在高性别比大潮中出生的人口渐次进入婚龄，婚姻挤压问题目前还仅仅只是初步、部分显现，政府、社会和学者的认识仍处于表象层面。目前已有研究更多是通过宏观的人口统计数据进行数理推测，这种"只见数字不见人"的研究视角，无法真正弄清具体的人"怎样思想、怎样感觉、怎样打算"。[①] 同时，贫困地区农村男性婚姻挤压属于私人生活范畴的特殊问题，涉及个体隐私。这种特殊社会现象的具体表现、深层原因、社会后果及应对策略难以通过数据模型来立体呈现、逻辑追踪和深刻解读。而质性研究方法"可以用于探索新的主题或了解复杂的问题，解释人们的观点和行为，识别某种文化或某个群体的社会或文化规范。因此，质性研究非常适宜解决'为什么'这类问题，以解释和阐明研究主题；质性研究也很适宜解决'怎么样'这类问题，以描述过程或行为。质性研究还十分适宜研究敏感性主题，研究人员与研究对象之间通过建立融洽的关系，形成良好的氛围，让研究对象向研究人员倾诉"。[②] 基于这些考虑，本书侧重于运用质性研究方法，即将这一群体置于其生活的具体场域，以对这一现象进行"解释性理解"，并发现其复杂性和多样性。

---

① 费孝通：《乡土中国　生育制度》，北京大学出版社 1998 年版，第 344 页。
② ［美］莫妮卡·亨宁克、［荷］英格·哈特、［荷］阿杰·贝利：《质性研究方法》，王丽娟等译，浙江大学出版社 2015 年版，第 6 页。

1. 文献研究法。收集、整理近年来中外学者的相关研究成果;查阅中国历史上的婚姻人口性别比,C 市地方志、人口普查和人口统计年鉴等,考察历史上的失婚男数量、群体特征,以及 C 市的婚姻文化、婚姻市场变化轨迹;查阅 C 市及 M 镇最新的婚姻状况官方统计数据,测量婚姻挤压的程度。

2. 田野调查法。通过两种方法获取实证数据:一是访谈法,对失婚男及其家庭成员、村干部和村民进行深度访谈,获取男性婚姻过剩的原因、失婚对当事人个体、家庭及社会的影响等资料。在今天的中国农村,村干部对本村村民的"家底"了如指掌,对失婚男的家庭成员、交往网络、经济收入、个人情况、务工去向、情感经历都十分熟悉。这些信息既构成访谈的背景知识,帮助笔者正确提问和有针对性提问,也是笔者确定调查对象、理解当地婚姻市场的重要依据和线索。整个调查中,各村干部起到了关键性的作用。失婚男是本书的主要调查对象,面对面倾听他们的心声,是真正了解这一群体的核心环节。而失婚男家庭成员和其他村民,也为我们从旁观者的视角打量婚姻挤压现象提供了不可忽略的资料。

二是通过居住体验、观察与参与观察等方法,对 M 镇的婚姻市场进行"深描"式记述,亲身感受和体验贫困地区农村婚姻市场和男性婚姻挤压的现状表现、行为逻辑及社会影响,并深度挖掘与全面诠释男性婚姻挤压的原因及应对之策。局域婚姻市场的自然呈现,鲜活个案的深度挖掘,帮助笔者从多维视角构建起男性婚姻挤压现象的内在逻辑,探讨各因素的互动机制。

3. 比较研究法、归纳法与演绎法等。在数据分析中,运用比较法,分析贫困地区农村的婚姻市场与其他地区婚姻市场在婚姻文化、制约因素、运作过程等方面的异同。运用归纳法与演绎法,总结贫困地区农村男性婚姻挤压的特点与规律;借鉴国内外解决婚姻挤压问题的经验,结合对贫困地区农村男性婚姻挤压原因的分析及贫困地区农村的实际,设计解决贫困地区农村男性婚姻挤压的具体对策。

六、研究的局限性

本书在进行过程中也存在着很多局限性,在一定程度上影响了部分课题预期目标的实现。

一是调查点的地理位置特殊,大规模的访谈在操作层面上受到诸多限制。M镇山大人稀,人口居住十分分散,许多访谈对象居住地离镇中心偏远,从镇中心出发,车程往往需要三四个小时才能到达,大多数时间一天只能访谈几位对象。由于时间、人力、财力有限,这一客观困难限制了我们访谈更多的对象。

二是调查对象的异质性增加了调查的难度。在M镇,50岁以下身体健康的失婚男基本上都分散到全国各地务工,只有在春节时才回家团聚;留在村中的失婚男,要么年龄较大,要么身体残疾或精神有碍。为了保证样本的代表性,笔者一方面择春节期间与部分返乡过节的失婚男访谈,另一方面通过村干部、失婚男家庭成员的帮助与外出务工的失婚男联系,并远赴上海、杭州、厦门、武汉等城市与他们见面访谈。这一种方式无限拓宽了调查的地理跨度,拉长了调查的周期,增加了调查的人力和经费支出,也在一定程度上影响了研究进度。

三是少数调查对象的配合度不高。由于本书涉及情感、性需求、失婚心态等隐私内容,同时,在部分人观念中失婚是人生失败的代名词,有少数失婚男不愿接受访谈,或者不愿敞开心扉,影响了调查的深入性和真实性。

第一章　贫困地区农村男性婚姻挤压问题现状

恩格斯通过考察家庭的起源，发现"个体婚制是文明社会的细胞形态，根据这种形态，我们就可以研究文明社会内部充分发展着的对立和矛盾的本质。"①一夫一妻制婚姻是人类文明的产物，也是解读社会结构的重要切入点。不同的文明对待婚姻的态度大相径庭。西方社会崇尚个人本位，表现在婚姻制度上，则体现为婚姻规范不具有强烈的迫制性和绝对性，婚姻更多是个人的事情，个体作出结婚与否、与谁结婚的选择，能在一定程度上得到尊重与宽容。中国社会自古强调家本位，所谓"修身齐家治国平天下"之路径，阐明了"家"为"国"之逻辑起点，以及"家国一体"的伦理政治本质。在这种文化中，婚姻对于父系血统传承制度下的男性，不仅是个体的情感需要，还有"上以事宗庙，下以继后世"②的家族使命，不结婚、不生子是对家族规范的背叛。为了对家族履职尽责，个体被婚姻制度强势规整，从而形成了普婚文化。在普婚文化下，中国历代男性是否普婚？

---

① 恩格斯：《家庭、私有制和国家的起源》，载《马克思恩格斯选集》第4卷，人民出版社2012年版，第76页。

② 《礼记·昏义》。

一、中国历史上的人口性别比

中国历史上曾出现过较长时期的人口性别比偏高现象。在重男轻女、男尊女卑的强男权社会,炽烈的男孩偏好导致了生育的性别选择。在没有现代医学技术的条件下,多胎和溺杀女婴是多生育男孩的主要途径。溺杀女婴的弊俗陋习或可追溯到战国时期,《韩非子·六反》载,"父母之于子也,产男则相贺,产女则杀之"。据文献记载,古代中国的溺女现象广泛分布于全国绝大多数省份,无论贫富,无论南北,如江西彭泽县"溺女恶习,相沿成风",崇义县"生女多溺诸水",萍乡县"生女多不育",弋阳县"生女勿举者十尝三四",靖安县"为保二十有八,为户三万有零,生女之数岁不下数千,其愿养者十之一二,溺毙者已十之八九"。① 由于明代以前政府没有完整的分性别人口统计资料,无法测算人口性别比的准确数值。明代 1482 年,政府曾对局部地区开展过分性别人口普查,结果如表 1 所示。

表 1 1482 年徽州府及下辖县人口性别比

地区	男(人)	女(人)	性别比(%)女 = 100
徽州府	351668	179182	196. 26
歙县	116235	60346	192. 61
休宁县	117945	54871	214. 95
婺源县	59090	29637	199. 38
祁门县	26961	15375	175. 36
黟县	15541	9200	168. 92
绩溪县	15896	9753	162. 99

资料来源:参见刘淑英:《中国历代人口统计资料研究(明代编)》,载杨子慧主编:《中国历代人口统计资料研究》,改革出版社 1996 年版。

---

① 参见王蕾:《江西古代溺婴陋习漫谈》,《南方文物》2004 年第 4 期,第 114—115 页。

到了清代,溺女现象有增无减,湖南"溺女之风,无论士庶之家,每嫌育女过多,即行溺毙,相沿成习",①"贫家不肯育女,寒士难于娶媳"②的现象普遍存在,如浙江温州"致令十人之中,八无家室","故多鳏旷";福建贫家男子多"年逾四五十岁未娶"。③ 乾隆年间曾对局部地区进行过分性别人口统计,结果如表2、表3所示。

表2 1751—1787年间直隶人口性别比

年份	1751	1763	1773	1782	1787
16岁及以上人口性别比(%)女=100	116	120	120	118	117

表3 1755—1787年间江苏人口性别比

年份	1755	1765	1773	1782	1787
16岁及以上人口性别比(%)女=100	139	139	138	131	132

资料来源:参见王跃生:《中国历代人口统计资料研究(清代编)》,载杨子慧主编:《中国历代人口统计资料研究》,改革出版社1996年版。

数字之外,一些道义之士对民间盛行的溺女现象的激烈批判也可见其风之炽。郑观应在《劝戒溺女》中讲述:"按溺女之风,近世各直省所在多有,相习成风,恬不为怪。……约计每年每邑溺女孩,少则数千,多则数万。此天下古今第一痛心事。"④谭嗣同激烈批判了这种恶俗,"故重男轻女者,

---

① 王跃生:《18世纪中国婚姻论财中的买卖性质及其对婚姻的作用》,《中国经济史研究》2001年第1期,第62—81页。
② 《永州府志》卷5《风俗志》,转引自张建民:《论清代溺婴问题》,《经济评论》1995年第2期,第75—82页。
③ 《利川县志》卷三(风俗)。
④ 郑观应:《劝戒溺女》,载《郑观应集》上册,上海人民出版社1982年版,第38页。

至暴乱无礼之法也……驯至积重，流为溺女之习，乃忍为蜂蚁豺虎之所不为"。① 政府也通过立法予以制止，如乾隆年间，"民间溺女……部议照故杀子孙律治罪，例禁极严"，②光绪曾下谕"溺女必与严惩"。③ 清政府还曾在各地设立了一些女婴堂、育婴基金会等慈善机构来收养女婴。

溺女婴这种违背人类性别结构自然生态的文化，必然引起人口性别比失衡，导致可供男性婚配的女性资源缺乏，以及男性的婚姻过剩。此外，统治阶级和上层社会一夫多妻婚姻制度，达官显贵、巨商大贾、地主乡绅除了占有正式婚配的妻室外，还会依经济实力娶数量不等的妾，甚至还有实无名地占有部分奴婢，加剧了本已紧张的男性婚姻挤压程度。

有据可查的资料显示，从16世纪到19世纪晚期，在所有30岁的男性中，有20%以上未结婚。而1800年前后的数据表明，差不多25%的30岁男性还未结婚，有10%—15%的45岁男性仍然单身。④ "在清代社会（甚至中国传统社会的大部分时期），女性实际是婚姻市场一种稀缺的婚姻资源"。⑤ "十八世纪中后期同其他历史时期一样，高性别比（一般在115以上）和一夫多妻制一定程度地存在，对部分家境较差男性的婚姻形成了制约。他们中总有一部分人不得不终身不婚。实际上，年龄越大，其婚配的可能性越小。"⑥

至民国时期，据国民政府统计，1937年底，中国平均性别比为119.4，而在内政部1938年的统计数据中，几大城市的性别比高得惊人，北平为

---

① 《谭嗣同全集》，天津古籍出版社2016年版，第16页。

② 《新化县志》卷9《食货·恤政》，转引自张建民：《论清代溺婴问题》，《经济评论》1995年第2期，第75—82页。

③ 《大清会典事例》第269卷，户部，蠲恤。

④ 曹树基、陈意新：《马尔萨斯理论和清代以来的中国人口——评美国学者近年来的相关研究》，《历史研究》2002年第1期，第41—54页。

⑤ 王跃生：《18世纪中国婚姻论财中的买卖性质及其对婚姻的作用》，《中国经济史研究》2001年第1期，第62—81页。

⑥ 王跃生：《十八世纪后期中国男性晚婚及不婚群体的考察》，《中国社会经济史研究》2001年第2期，第16—29页。

160.3,天津为141.5,南京为150.3,青岛为145.9,上海为133.0,西安竟高至223.9。不仅如此,在各大城市中,直接影响婚姻的婚龄青年的性别比也畸高。这一客观事实直接决定了城市中男性的结婚率低于女性的结婚率,未婚男性多于未婚女性……事实上,当时农村的性别比也体现了男多女少这一大趋势。言心哲在1934年对江苏江宁县土山镇的调查显示,15—24岁年龄段人口的性别比为122.07,25—34岁年龄段人口的性别比为111.30。李景汉在1929年对河北定县的调查也显示,15—24岁人口年龄段的性别比在130以上,一南一北两个农村的微观调查形象地反映出农村适龄人口男多女少的情况。① 由上可见,"内无怨女,外无旷夫"的理想社会并未在传统中国实现。

1999年,有学者曾做过一项冀南农村20世纪的出生人口性别比的调查,结果显示,20世纪30年代,初婚夫妇子女构成存在严重的不平衡,只有儿子、没有女儿的比例很高,占30%左右;在集体经济时代,儿女双全比例明显提高;70年代初,随着计划生育的提倡和随之而来的人口生育控制,降低了夫妇生育子女数量,过去靠多生调节家庭子女性别构成的有效手段受到抑制。……土改前的传统时代,家庭活产子女性别存在突出的不平衡。② 由此可推知,那个年代性别比也是失衡的。

新中国成立后,从1953年开始,中国性别比一直高于正常水平,到20世纪80年代以后,出生性别比出现失衡态势并且失衡程度持续恶化,有稳定比例的男性人口终身未婚。从1953—2005年,女性人口未婚比例持续低于1%,男性人口未婚比例在2.5%—4.2%之间。③

---

① 梁景和等:《现代中国社会文化嬗变研究(1919—1949)——以婚姻·家庭·妇女·性伦·娱乐为中心》,社会科学文献出版社2013年版,第41—57页。
② 王跃生:《社会变革与婚姻家庭变动——20世纪30—90年代的冀北农村》,生活·读书·新知三联书店2006年版,第172—176页。
③ 韦艳、张力:《农村大龄未婚男性的婚姻困境:基于性别不平等视角的认识》,《人口研究》2011年第5期,第58—70页。

C市"地无遗利,人无遗力,故贫家小户……溺女者比"。① 依此可推知,历史上当地也存在着因溺女而导致的性别不平衡。史载清代鹤峰一德高望重长者陈世华"从九品陈朝清之父,居心坦白,待人和平……族中婚嫁不给者,助之;老弱无依者,周之。"② 从此可推知,鹤峰其时存在未婚嫁现象,与其毗邻的C市应该也有此现象。但据M镇红坝村李久华(89岁)回忆,"小时候我记得我的爷爷曾说过,我们这里单身汉少,基本上都可以找到媳妇儿",可大致推定19世纪末此地少有失婚男。石坝村邹永明老人(91岁)回忆,"从我记事起,周围十里八村的单身汉很少,每个村最多几个……搞集体时我们到处搞工,周围几个村的情况都熟悉。"据此可推知20世纪30年代村中失婚男较少。据村干部和村民反映,20世纪30年代至90年代,村中失婚男比例较少。

由上可见,中国历代各地都存在着不同程度的性别比失衡,并导致了部分男性无法建立婚姻,普婚并未完全实现。不过,传统社会建立起了对失婚男群体的保护和吸纳机制。一是建立了相对稳定的通婚圈。在人口固化的社会,在性别比失衡的状况下,光棍呈散点式分布。在通婚圈内,绝大多数男性都能娶上妻子,即便是"癫子""跛子"等身心缺陷的男子也有可能娶上身体条件大体对等的妻子。"光棍"存在但数量极少,家庭极端贫困、个体有身体或精神方面的先天残疾、有着较大的后天缺陷,如品行不端、游手好闲、嗜赌嗜酒成性的男性可能面临成婚困难。二是建立了"童养媳"制度。困难家庭往往通过"童养媳"来解决男性的婚姻难题。三是建立了族内过继制度。为了解决失婚男无法繁衍后代的问题,家族成员过继子女给予失婚男后代,既解决了养老问题,还解决了宗亲延续问题,"宗族庇护"有效保障了失婚男的后顾之忧。因此,男性婚姻挤压及负效应并不严重。

---

① 《利川县志》卷三(风俗)。
② 《鹤峰州志续修》卷十二·人物。

二、M 镇的婚姻市场

《中华人民共和国婚姻法》只对公民结婚的最低年龄进行规定："中华人民共和国公民结婚年龄，男不得早于二十二周岁，女不得早于二十周岁；晚婚晚育应予以鼓励。"从法律上说，从最低年龄始，任何年龄都是可以结婚的。但在现实中，不同的文化有一个约定俗成的适宜结婚的年龄峰值区间。在 M 镇农村，存在着"早栽秧，早收谷，早生儿子早享福"的传统婚育观念，再加上一些男方家庭为了防范可婚女性资源的短缺造成的结婚困难，早早作出了娶媳妇的家庭规划和努力（详见第五章），当地出现了 18 岁左右（女孩年龄更小）就结婚的现象。在当地的婚姻市场，18 岁就进入了婚龄，28 岁则是一个分水岭。村民反映，男性一旦过了 27 岁，则意味着进入婚姻困难行列，"过了 24、25 岁，就不好找媳妇儿了，27 岁就莫想"。迈入 28 岁，则意味着进入婚姻受挤压行列。也就是说，当地的适婚年龄峰值区间在 18—27 周岁之间。超过 28 岁、有强烈结婚意愿的未婚男性，将进入婚姻困难序列。根据这种现实，本书将 18—27 岁作为男性最佳适婚年龄的统计口径。

对已婚男性的调查显示：配偶来自本省的占 94%，来自本县的占 86%，来自本镇的占 72%，来自本村的占 29%，说明当地的通婚圈基本在本省本县本镇范围。当地婚姻市场失衡的性别比，以及男性本地择偶的通婚取向，决定了男性在当地婚姻市场面临的极度拥挤状况，部分男性甚至必将永久不婚。为了更清楚地阐释 M 镇的婚姻市场，有必要了解当地分年龄分性别人口统计情况，如表 4 所示。

表 4　M 镇全员人口分年龄分性别人数统计表（截至 2017 年底）

年龄别	总人口数	男性				女性			
		人口数	占总人口比例（%）	已婚人口	已婚比例（%）	人口数	占总人口比例（%）	已婚人口	已婚比例（%）
—100	108223	56588	52.29	34801	61.5	51635	47.71	34332	66.49
0	524	268	53.28	0	0	256	46.72	0	0
1	1190	634	53.28	0	0	556	46.72	0	0
2	1232	648	52.6	0	0	584	47.4	0	0
3	1413	743	52.58	0	0	670	47.42	0	0
4	1467	784	53.44	0	0	670	47.42	0	0
5	1733	896	51.7	0	0	837	48.3	0	0
6	1702	932	54.76	0	0	770	45.24	0	0
7	1781	950	53.34	0	0	831	46.66	0	0
8	1841	981	53.29	0	0	860	46.71	0	0
9	1746	920	52.69	0	0	826	47.31	0	0
10	1588	825	51.95	0	0	763	48.05	0	0
11	1742	950	54.54	0	0	792	45.46	0	0
12	1531	792	51.73	0	0	739	48.27	0	0
13	1564	800	51.15	0	0	764	48.85	0	0
14	1323	656	49.58	0	0	667	50.42	0	0
15	1164	597	51.29	0	0	567	48.71	1	0.18
16	1207	626	51.86	2	0.32	581	48.14	5	0.86
17	958	489	51.04	3	0.61	469	48.96	4	0.85
18	1059	553	52.22	7	1.27	506	47.78	23	4.55
19	1206	619	51.33	6	0.97	587	48.67	57	9.71
20	999	518	51.85	9	1.74	481	48.15	81	16.84
21	967	482	49.84	35	7.26	485	50.16	120	24.74
22	1120	542	48.39	44	8.12	578	51.61	206	35.64
23	1444	736	50.97	142	19.29	708	49.03	326	46.05
24	1750	836	47.77	240	28.71	914	52.23	529	57.88
25	1760	845	48.01	293	34.67	915	51.99	577	63.06

年龄别	总人口数	男性				女性			
		人口数	占总人口比例（%）	已婚人口	已婚比例（%）	人口数	占总人口比例（%）	已婚人口	已婚比例（%）
26	2149	1061	49.37	469	44.20	1088	50.63	764	70.22
27	2507	1301	51.89	729	56.03	1206	48.11	897	74.38
28	2534	1301	51.34	809	62.18	1233	48.66	1019	82.64
29	2247	1189	52.91	830	69.81	1058	47.09	914	86.39
30	2419	1246	51.51	951	76.32	1173	48.49	1036	88.32
31	1930	986	51.09	758	76.88	944	48.91	826	87.50
32	1745	921	52.78	764	82.95	824	47.22	739	89.68
33	1768	943	53.34	824	87.38	825	46.66	763	92.48
34	1510	787	52.12	680	86.40	723	47.88	661	91.42
35	1761	945	53.66	833	88.15	816	46.34	755	92.52
36	1575	822	52.19	743	90.39	753	47.81	698	92.70
37	1319	719	54.51	647	89.99	600	45.49	561	93.50
38	1463	794	54.27	737	92.82	669	45.73	637	95.22
39	1405	786	55.94	733	93.26	619	44.06	595	96.12
40	1306	689	52.76	639	92.74	617	47.24	588	95.30
41	1434	767	53.49	715	93.22	667	46.51	649	97.30
42	1735	968	55.79	903	93.29	767	44.21	759	98.96
43	1736	955	55.01	898	94.03	781	44.99	770	98.59
44	1675	946	56.48	890	94.08	729	43.52	720	98.77
45	1815	1018	56.09	962	94.50	797	43.91	788	98.87
46	1781	970	54.46	927	95.57	811	45.54	804	99.14
47	2017	1127	55.88	1075	95.39	890	44.12	887	99.66
48	1934	1007	52.07	983	97.62	927	47.93	924	99.68
49	2085	1064	51.03	1044	98.12	1021	48.97	1015	99.41
50	1583	787	49.72	772	98.09	796	50.28	790	99.25
51	1864	944	50.64	923	97.78	920	49.36	912	99.13

年龄别	总人口数	男性				女性			
		人口数	占总人口比例（%）	已婚人口	已婚比例（%）	人口数	占总人口比例（%）	已婚人口	已婚比例（%）
52	1652	833	50.42	816	97.96	819	49.58	818	99.88
53	1606	802	49.94	796	99.25	804	50.06	804	100
54	1642	840	51.16	815	97.02	802	48.84	800	99.75
55	1622	830	51.17	821	98.92	792	48.83	791	99.87
56	806	437	54.22	433	99.08	369	45.78	376	99.46
57	609	316	51.89	312	98.73	293	48.11	292	99.66
58	628	327	52.07	320	97.86	301	47.93	298	99
59	866	478	55.2	471	98.54	388	44.8	385	99.23
60	916	480	52.4	475	98.96	436	47.6	435	99.77
61	822	451	54.87	446	98.89	371	45.13	368	99.19
62	897	450	50.17	445	98.89	447	49.83	442	98.88
63	980	503	51.33	497	98.81	477	48.67	476	99.79
64	931	482	51.77	478	99.17	449	48.23	446	99.33
65	972	505	51.95	499	98.81	467	48.05	461	98.72
66	656	354	53.96	350	98.87	302	46.04	301	99.67
67	734	392	53.41	388	98.98	342	46.59	341	99.71
68	868	487	56.11	478	98.15	381	43.89	376	98.69
69	670	353	52.69	352	99.72	317	47.31	316	99.68
70	605	341	56.36	339	99.41	264	43.64	263	99.62
71	626	339	54.15	335	98.82	287	45.85	287	100
72	477	239	50.1	237	99.16	238	49.9	236	99.16
73	520	282	54.23	279	98.94	238	45.77	235	98.74
74	520	275	52.88	275	100	245	47.12	240	97.96
75	530	276	52.08	274	99.28	254	47.92	252	99.21
76	527	249	47.25	247	99.20	278	52.75	278	100
77	385	199	51.69	198	99.5	186	48.31	185	99.46

年龄别	总人口数	男性				女性			
		人口数	占总人口比例（%）	已婚人口	已婚比例（%）	人口数	占总人口比例（%）	已婚人口	已婚比例（%）
78	309	151	48.87	151	100	158	51.13	158	100
79	398	202	50.75	201	99.5	196	49.25	193	98.47
80	336	178	52.98	176	98.88	158	47.02	157	99.37
81	282	131	46.45	130	99.24	151	53.55	150	99.34
82	190	98	51.58	98	100	92	48.42	92	100
83	209	107	51.2	107	100	102	48.8	102	100
84	229	109	47.6	107	98.17	120	52.4	120	100
85	184	82	44.57	82	100	102	55.43	99	97.06
86	115	52	45.22	51	98.08	63	54.78	63	100
87	123	64	52.03	64	100	59	47.97	59	100
88	85	41	48.24	41	100	44	51.76	43	97.73
89	86	41	47.67	41	100	45	52.33	45	100
90	61	29	47.54	29	100	32	52.46	31	96.88
91	54	26	48.15	25	96.15	28	51.85	28	100
92	37	20	54.05	19	95.00	17	45.95	17	100
93	41	24	58.54	24	100	17	41.46	16	94.12
94	32	12	37.5	12	100	20	62.5	19	95
95	24	13	54.17	13	100	11	45.83	11	100
96	15	5	33.33	5	100	10	66.67	10	100
97	17	6	35.29	6	100	11	64.71	11	100
98	10	7	70	7	100	3	30	3	100
99	3	3	100	3	100	0	0	0	
100	1	1	100	1	100	0	0	0	
101	5	1	20	1	100	4	80	4	100
102	1	0	0	0		1	100	1	100
103	1	0	0	0		1	100	1	100

表4至少传达了三个重要信息:一是 M 镇人口性别比呈现为一条波动不是很大、变化相对平缓的曲线,0—11 岁的性别比在 110—120 间徘徊,12—32 岁基本在 105 左右,有些年龄段甚至低于 100,32—48 岁的性别比在 120 左右,48—83 岁在 110 以下,84 岁以上基本低于 100。二是全镇28—49 岁的未婚男性(50 岁以上男性的婚姻过剩与大规模出生人口性别比失衡无关,故此处特意未统计入内)达到了 2605 人,平均每村为 52 个。三是在 28—49 岁年龄段,年龄越低,未婚男性比例越高,28 岁、29 岁未婚男性的比例分别达到了 37.8%和 30.2%,37 岁以下未婚男性的比例基本都在10%以上高位,年轻人"找老婆"越来越困难。几乎每一个村民都反映方圆几十里有大量超过 28 岁仍难以找到配偶的男性,说明在 M 镇这样的贫困地区,男性的婚姻挤压现象较为普遍。

贫困地区农村到底有多少大龄未婚男性? 现有的人口统计信息并没有提供这一数据。但值得注意的是,失婚男比例高低与区域经济社会发展程度直接相关。M 镇属于经济发展状况较好的区域。也就是说,其他贫困地区农村的失婚男比例比 M 镇更高。这种现象早些年就已初现危机并见诸报端,以贵州省为例,2006 年,《贵州民族报》报道了黄平县上塘乡"紫营村条件还算是比较好的,村里竟有 20 多个单身汉,有些偏僻的山村如永新村、永爱村,已经成了远近闻名的'光棍村',每个村达四五十人。"①2007 年,《贵州都市报》报道了贵阳市开阳县高寨乡"8 个行政村,光棍至少有一千五百多个,最多的村有三百多。"其中牌坊村"2249 人、665 户的山村有 282条光棍,约占男性总数的 1/5。30 岁以上的光棍俯拾皆是,最大的光棍 65岁",成为远近闻名的"光棍村"。②

---

① 《今天谁来嫁给我——黔东南州边远农村未婚青年婚姻状况扫描》,《贵州民族报》2006 年 8 月 14 日。

② 王轶庶:《贵州牌坊村 282 条光棍的心灵史:我需要一个女人》,http://www.sachina.edu.cn/Htmldata/news/2007/08/3946.html。

类似的"光棍村"几乎遍布全国,仅媒体报道的就有甘肃、贵州、广西、湖南、湖北、安徽、海南、江西、河南等省。在百度输入"光棍村",便出现了389万个相关结果。这说明,男性的婚姻挤压是一个广泛存在的社会现象。改革开放以来,中国先后于1982年、1990年、2000年和2010年开展过四次人口普查,但无一设计分年龄、城乡、性别的未婚人口的统计口径,为学术界和政府了解婚姻挤压程度带来了困难。由于没有全员分年龄段、分性别的未婚人口抽样统计,目前还无法确定失婚男的数量。按2015年全国1%人口抽样调查样本数据,抽样总数量为3495613人,其中男性2059935人,女性1435678人,性别比为143.5。在未婚人口中,男性比女性多出624257人。① 全国范围内的总数量可想而知。值得注意的是:目前男性的婚姻挤压才初露端倪,20世纪70年代中后期出生的男性是今天M镇婚姻挤压的主体。可以预期,随着更多的"80后""90后""00后"渐次进入婚龄,婚姻市场的性别失衡导致的婚姻挤压会更加严重,失婚男的数量将不断积累,男性的婚姻挤压将愈来愈严重,直到出生人口性别比完全正常后的50年,即多出生的男性人口完全消化、退出婚姻市场为止。

由上可见,由于婚龄人口性别比失衡造成的男性婚姻挤压在中国历史上长期存在,但当前贫困地区农村男性面临的婚姻挤压就其挤压程度、人群数量、区位特征和表现方式都是世所罕见、前所未有。要深刻解析这一社会现象,需要将其置放于改革开放40多年来中国现代化变革的时空轴中,从宏观、微观的层面,从人口学、经济学、社会性别学和婚姻家庭学等学科视野,多维度诠释其发生原因、群体生活状态、社会风险及治理。

---

① 国家统计局:《2016年统计年鉴·人口》,http://www.stats.gov.cn/tjsj/ndsj/2016/indexch.htm。

第二章　低端的婚姻市场估值

　　婚姻是社会结构及变迁的窗口,生动呈现了社会的发展、制度及文化。反过来,社会结构及变迁也是深刻阐释婚姻问题的宏大背景。宏观的婚龄人口性别比显然是理解男性婚姻挤压最明了的分析视角。婚龄人口性别结构影响婚姻市场供需,但为什么失婚男扎堆出现在贫困地区农村而不是较平均地分布? 哪些因素导致了某些男性不受女性青睐从而"找不到媳妇儿"? 要解答以上问题,还需要建立起女性视野中贫困地区农村男性的婚姻市场估值及分级体系。女性根据什么标准对婚姻市场的男性进行估值? 或者说失婚男有哪些共同特点?

　　学者们根据男性成婚困难原因,将贫困农村失婚男群体分为不同类型,如身体缺陷型、资源匮乏型、环境恶劣型、经济贫困型和声誉较差型,[1]历史塑造型、身心缺陷型、经济贫困型和缘分宿命型,[2]身心缺陷型(病理型)、婚姻连带型、经济困难型、社交障碍型、错失机会型和懒惰型,[3]家庭贫困型、大龄型、残障型、中年丧妻型和孤儿型。[4] 这些研究从不同角度诠释了失婚

---

　　① 杨斌:《农村男性弱势群体的婚姻边缘化问题研究:以贵州为例》,中国社会科学出版社 2010 年版,第 96 页。

　　② 刘燕舞:《农村光棍的类型及其变迁机制研究——一种人口社会学的分析》,《中国农业大学学报(社会科学版)》2011 年第 3 期,第 160—169 页。

　　③ 余练:《婚姻连带:理解农村光棍现象的一个新视角——对鄂中和鄂东三村光棍成窝现象的解释》,《人口与经济》2017 年第 1 期,第 13—21 页。

　　④ 何生海:《婚姻地域挤压的社会学分析》,《贵州大学学报(社会科学版)》2012 年第 1期,第 97—102 页。

的主要原因,归纳了失婚男的总体特点,但任何一个单一的理论或视角都无法准确解释一种地方性现象及其背后的行为逻辑,如身体缺陷能成功脱单的人不在少数,环境恶劣地方也有男性顺利结婚,一些不务正业的"混混"也能获得女孩的好感,演绎了"男人不坏,女人不爱"的爱情哲学。那么,到底是哪些因素决定了男性能成功娶妻还是娶不到妻呢?

婚配是一项带有主动选择性而不是随机分配性的选择。男性的婚姻挤压意味着双向选择的择偶模式变成女方的单向选择。虽然择偶标准具有多元化特征,目前尚未形成被广泛认同的指标体系,但根据婚姻市场理性,女性更愿意选择市场估值高的男性是毫无疑问的。本书认为,女性的择偶标准是一个极其复杂的综合体系,女性对男性在婚姻市场的估值也是一个综合估值。贫困地区农村男性大量失婚是诸多因素合力作用的结果,既有人口因素,也有经济、社会和文化因素;既有宏观原因,也有微观原因。在真正的婚姻市场上,某些个体可能在某方面呈明显弱势,但其他方面的优势又可能弥补其不足,真正发挥作用的应该是各项条件的综合估值。因此,除宏观的人口性别结构因素外,本课题建构起了以区位特征、个体条件和家庭资源为主要内容的男性婚姻市场估值标准体系。

一、居高不下的适婚人口性别比

自20世纪80年代末期开始,伴随计划生育政策的严格推行,在根深蒂固的重男轻女的性别文化下,部分中国人借助技术手段进行生育性别选择,导致出生人口性别比持续升高。1981年至2008年间,出生人口性别比从108.5一路飙升到120.56。"十二五"期间,出生人口性别比上升的势头得到扭转,即2009年起,这一数值曲线出现拐点,实现了"七连降",但一直到2015年,这一数据仍高达113.51。预计"十三五"期间出生性别比偏高的状况仍然将存在。①

进入 21 世纪,随着 20 世纪 80 年代以来性别比严重失衡的生育模式中出生的队列逐步进入婚龄,婚姻市场上的女性短缺日益显现并将愈演愈烈。"受长期出生人口性别比偏高的影响,性别比失衡现象逐渐向高年龄组推移,目前 24 岁以下年龄组的性别比普遍接近或超过 110,14 岁以下年龄组的性别比均超过 117。随着人口性别比偏高向婚恋期拓展,其负面影响将逐渐凸显,男女数量的不均衡将造成大量适婚人群无法进入婚姻状态,造成社会问题。"②世代相沿的异性普婚文化因女性婚配对象的稀缺这一变量的加入而失去了生存的土壤,部分男性面临婚姻挤压无法结婚。

婚姻挤压的测量是一件非常复杂的事情。最常用的测量指标有同龄性别比、相对性别比、婚配性别比、未婚性别比等。学者们根据不同指标,得出了不同的婚姻过剩男性数量。③

从理论上讲,如果婚配总是发生在同龄男女间,出生男性多于女性的数量,减去因死亡率的性别差异所影响的男女人口数量,即是过剩男性数量。但在婚姻实践中,结婚年龄分布趋于分散,男女婚配的年龄也具有一定的差异,因此准确地测量某一年份出生人口的婚姻状况,不具有可操作性。1980年以后出生的人口已经或将要进入婚姻市场,虽然每年累积的失婚男无法确定,但无论个体的结婚年龄、婚配年龄差如何,进入婚姻市场的男女总量是确定的。根据这一数量,可粗略推知男性婚姻挤压的程度和过剩男性的数量。可是,查阅近年来的《中国统计年鉴》和《中国人口和就业统计年鉴》,均没有分年龄性别比的数据。

根据历年人口统计数据,全国按性别分人口总数(见表5)。

---

① 蔡昉、张车伟主编:《中国人口与劳动问题报告》,社会科学文献出版社 2015 年版,第 19 页。

② 蔡昉、张车伟主编:《中国人口与劳动问题报告》,社会科学文献出版社 2015 年版,第 19 页。

③ 参见研究综述相关内容。

表5　按性别分人口数

年份	男（万人）	女（万人）	性别差（万人）
1980	50785	47920	2865
1981	51519	48553	2966
1982	52352	49302	3050
1983	53152	49856	3296
1984	53848	50509	3339
1985	54725	51126	3599
1986	55581	51926	3655
1987	56290	53010	3280
1988	57201	53825	3376
1989	58099	54605	3494
1990	58904	55429	3475
1991	59466	56357	3109
1992	59811	57360	2451
1993	60472	58045	2427
1994	61246	58604	2642
1995	61808	59313	2495
1996	62200	60189	2011
1997	63131	60495	2636
1998	63940	60821	3119
1999	64692	61094	3598
2000	65437	61306	4131
2001	65672	61955	3717
2002	66115	62338	3777
2003	66556	62671	3885
2004	66976	63012	3964
2005	67375	63381	3994
2006	67728	63720	4008
2007	68048	64081	3967
2008	68357	64445	3912

年份	男（万人）	女（万人）	性别差（万人）
2009	68647	64803	3844
2010	68748	65343	3405
2011	69068	65667	3401
2012	69395	66009	3386
2013	69728	66344	3384
2014	70079	66703	3376
2015	70414	67048	3366

数据来源:《中国人口和就业统计年鉴》(2016),中国统计出版社 2017 年版,第 4 页。

从表 5 可见,自 1980—2015 年间,男性人口总量比女性人口总量多 3000 万人左右,其中既包括婚龄前(未来婚姻市场人口)和婚龄人口(适婚年龄和大龄人口),也包括老年人口。考虑到 2015 年女性平均寿命为 79.43 岁,男性为 73.64 岁,即女性人均寿命比男性长近 6 岁的因素①(老年人口中同龄性别比低于 100),婚龄前和婚龄人口中男性比女性的数量差应该更大。

根据 2015 年全国人口 1% 抽样调查数据,全国分年龄、性别的未婚人口如表 6 所示。

表 6　全国分年龄、性别的未婚人口

年龄	男（人）	女（人）	性别比（%）女 = 100
15—19	618941	525214	117.85
20—24	698787	554381	126.05
25—29	428844	264604	162.21
30—34	113755	54025	210.56
35—39	49232	16888	291.52

① 《中国人口和就业统计年鉴》(2016),中国统计出版社 2017 年版,第 16 页。

年龄	男（人）	女（人）	性别比（%）女＝100
40—44	38353	8927	431.67
45—49	29369	4678	627.81
50—54	19200	2365	811.84

数据来源:《中国人口和就业统计年鉴》(2016),中国统计出版社2017年版,第106—107页。

无论在哪个年龄段,未婚男性都远远多于未婚女性,且随着年龄提升,性别比急速升高,到了50—54岁,这一比值达到了811.84。而这一状况在农村尤为突出,如表7所示。

表7 全国乡村分年龄、性别的未婚人口

年龄	男（人）	女（人）	性别比（%）女＝100
15—19	299926	251369	119.32
20—24	245008	168075	145.77
25—29	135254	73628	183.70
30—34	42963	14401	298.33
35—39	23878	4574	522.04
40—44	22013	2220	991.58
45—49	18060	1147	1574.54
50—54	12333	637	1936.11

数据来源:《中国人口和就业统计年鉴》(2016),中国统计出版社2017年版,第118—119页。

由表7可知,农村各年龄段未婚人口性别比都远远高于对应年龄段的全国未婚人口性别比,在20—24岁、25—29岁最佳结婚年龄段,性别比分别为145.77和183.70,而在40—44岁、45—49岁和50—54岁年龄段,未婚人口性别比值甚至分别达到了991.58、1574.54和1936.11的高值。这一数据直观明了地揭示了今天中国农村婚姻市场性别失衡的严重程度。

必须认识到,目前的婚姻挤压主要是由20世纪七八十年代出生的男性人口在承担,而这个年龄段的男性尚可通过一些特殊的婚姻策略来缓解挤压力,如突破传统观念上探下移年龄差距(女大男小或男远远大于女)、降低择偶条件、进入再婚市场等方式增加择偶机会。而20世纪90年代以后出生的男性选择这种策略的概率将越来越少。即便在出生人口性别比趋于正常值后,男性的婚姻挤压也至少将持续到出生的过剩男性渐次退出婚姻市场为止。但是,男女的婚姻匹配问题远不是数量匹配的问题,而是社会结构在婚姻这种特殊交往关系的一种生动呈现,"若是把恋爱训作两性无条件的吸引,把一切社会安排置之不顾的一往情深,(这是一种艺术,而不是社会事业)婚姻也必然是这种恋爱的坟墓了",[1]婚姻是建立在条件权衡之上的一种社会行为。

二、不利的区位

区位从来不是一个简单的地理名词,而是一个包含着生存资源多寡、政策扶持强弱、发展环境优劣、发展潜力大小等因素在内的复杂概念。正因如此,它也成为男性婚姻市场估值的关键因素。影响男性婚姻市场估值的区位既包括宏观的区域位置,也包括微观的地理条件。

(一) 宏观的区域位置

由于自然、历史及国家宏观发展战略的原因,幅员辽阔的中国版图按照经济社会发展程度,被划分为若干个不同的层级,各区域间发展极不平衡,区域位置成为经济社会发展程度、现代化程度的代名词。一般来说,东南沿海地区、环首都圈经济最为发达,中部地区次之,西部地区则尤显落后,东中西依次形成了中国经济版图的光谱排列。

―――――――――

① 费孝通:《乡土中国　生育制度》,北京大学出版社1998年版,第158页。

1. 推拉力量下人口的跨区域流动

在中国长期的城乡二元结构和区域发展不平衡的客观现实下,社会主义市场经济条件下的生产要素自由配置,为农村剩余劳动力的转移提供了制度保障。随着人口管理制度的松动,中国人口出现了前所未有的从农村向城市迁移流动的大潮。"十二五"期间,我国流动人口仍然保持高速增长的态势,年均增长约 800 万人。根据预测,2020 年和 2030 年,我国流动人口将分别逐步增长到 2.8 亿和 3.3 亿,年均增长 500 万至 600 万人,其中农业转移人口分别达到 2.1 亿和 2.4 亿,年均增长约 400 万人。以京津冀、长三角、珠三角为中心的东南沿海地区是流动人口的主要聚集地,人口由中西部向东南沿海地区流动的势头依旧强劲。①

"推拉理论"(push and pull theory)是国际上研究流动人口和移民的重要理论之一。这一理论认为,在市场经济和人口自由流动的前提下,流出地那些不利的社会经济条件是推送力,流入地那些能够改善生活条件的因素是牵引力,人口迁移就是在推力和拉力的共同作用下得以发生。而中国的人口迁移是在户籍制度背景下产生的特殊推拉模型,是基于城乡之间巨大的经济发展程度和收入差异的推拉,促使大量农村剩余劳动力向城市流动的行为选择。为了应对户籍制度对城市生活的限制、劳动能力随年龄衰减的自然规律,农民工形成了特殊的"生命周期",即年富力强时外出打工挣钱,年龄大了以后回家乡务农。

在流动迁移的人口中,又形成了复杂的分化:越是教育程度高的、距离家乡远的、在家乡时生活水平低的、来城市时间长的、在城市挣钱比家乡挣钱高出倍数多的,越倾向于不回家乡,形成以定居为生活目标的人群。② 其

---

① 蔡昉、张车伟主编:《中国人口与劳动问题报告》,社会科学文献出版社 2015 年版,第39 页。

② 李强:《影响中国城乡流动人口的推力与拉力因素分析》,《中国社会科学》2003 年第1 期,第 125—136 页。

中的女性,就是"不回家乡"的主体人群。女性为什么比男性更有可能在乡城的推拉中"逃离家乡"呢?

2. 婚龄人口性别比失衡使女性的婚姻迁移成为可能

出生人口性别比失衡在时间上与我国人口的大规模劳务流动的浪潮基本一致。在全国整体的婚姻市场中,女性是资源短缺方。在农村人口大规模向城市、向沿海发达地区流动的大潮中,村落的婚姻文化发生了剧烈的变革。阎云翔通过年轻人在彩礼博弈中的主动性,指出改革开放特别是市场经济建立之初农村年轻人个人权利上升和父权衰落,①金一虹则认为农村人口的乡城流动过程中的脱域、脱序和个体化解构了传统父权,导致了父权的衰微。② 传统父权的崩解在婚姻上的体现则是"父母之命,媒妁之言"婚姻缔结方式的彻底终结。年轻人通过劳务迁移成为家庭财富的主要创造者,在摆脱了对父母经济依赖的同时,获得了前所未有的人格独立,包括择偶自由。而在劳务迁移流入地的现代城市,村落文化的窥视几近于无,父母的干预鞭长莫及,处处充斥着浪漫样板和宽松环境。在这样的主客观条件下,自由恋爱成为年轻人心驰神往的憧憬。

从理论上说,人口的大规模流动无限扩展了年轻人的婚姻圈,来自四面八方的人都可能是潜在的选择对象。但是,在"男多女少"的整体性别格局下,人口流动之下的婚姻市场对于两性的意义迥然不同:在"一家有女百家求"的格局下,女性在婚姻市场中紧俏,婚姻迁移成为可能;男性则成为被精挑细选的对象。女性的劳务迁移往往与婚姻迁移相伴而生,实现了自农村向城市、自西向东、自贫困地区向发达地区的婚姻空间转移,暂时的劳务迁移变成了单向、永久的迁移。相对而言,人口流动对男性婚姻的影响则极

---

① [美]阎云翔:《私人生活的变革:一个中国村庄里的爱情、家庭与亲密关系(1949—1999)》,龚小夏译,上海书店出版社2006年版,第173—179页。

② 金一虹:《流动的父权:流动农民家庭的变迁》,《中国社会科学》2010年第4期,第151—165页。

为复杂,条件优越的男性也能在更广阔的范围内择偶,但对于条件一般或较差的男性而言,由于在迁入地不具备丰厚的生存资本,在迁入地的婚姻市场也不具有比较优势,因而难以找到结婚对象。他们的劳务迁移是暂时的,最终仍会回到家乡来择偶。女性的流失和男性的回归,改变了迁出地婚姻市场人口性别结构,使得中西部贫困地区农村男性面临着"本地姑娘留不住,外地姑娘不愿来"的悲凄处境。因此,在人口性别比失衡的大背景下,女性的婚姻迁移打破扰乱了婚龄人口性别结构的地区平衡。

3. 贫困地区农村的"新娘荒"

贫困地区农村是女性跨区域婚姻迁移的主要迁出地,而京津冀、东南部经济较发达地区则是女性婚姻迁移的主要迁入地。大量研究表明:"性别失衡所引起的婚姻挤压后果,将主要由西部落后地区农村承担。[1] 女性短缺导致的男性婚姻挤压将出现向贫困地区高度集中的趋势,贫困地区农村的男性将成为人口性别比失衡的直接受害者。"[2]一份 2009 年对东、中、西部 28 省的 364 个村庄进行的调查显示,西部地区大龄未婚男性更多,平均每个村庄有 10.3 个大龄未婚男性,每百户家庭有 3.2 个大龄未婚男性……西部地区"高比例大龄未婚男性村庄"的比例(30.7)高于东部和中部农村。一些西部和中部村庄男性结婚的概率较低,仅为东部村庄的 60%。[3] 女性婚姻流动的方向总是沿着经济特贫区→经济欠发达区→经济较发达区→经济发达区的路向,而男性的择偶目标地则表现为"同心圆递推理论",即一级地域婚姻条件好的村民会在外地或本地各级区域娶媳,条件一般或较差

①　Das Gupta, Monica, Avraham Ebenstein, and Ethan Jennings Sharygin. 2010. China's Marriage Market and Upcoming Challenges for Elderly Men. Policy Research Working Paper 5351, World Bank.

②　Das Gupta, LIS. Gender Bias in China, South Korea and India 1920—1990: The Effects of War, Famine, and Fertility Decline, *Development and Change*, 1999.30(3) pp.619-652.

③　刘利鸽、靳小怡、费尔德曼:《婚姻挤压下的中国农村男性》,社会科学文献出版社 2014 年版,第 58、156 页。

者会把视角转移到次级区域;次级区域条件好的村民娶媳基本在同级区域中,而条件一般的又会把视角转移到再次级区域,最终,再次级区域条件一般的就无法完成婚姻事实。……地域因素往往会异化成人的社会资本,婚姻地域挤压现象出现了。①

尤其值得注意的是,由于少数民族地区与贫困地区高度重合,少数民族地区也成为男性婚姻挤压的重灾区。对 28—40 岁这个年龄群体,不能成婚的比例很大,在西部地区接近 10%。② "婚姻移民从边远的西南向沿海、内地的空间移动同时也反映了经济机会的地区差异。……基于不平衡的地区间经济发展和其他资源占有情况,少数民族——汉族之间的妇女婚姻迁移表现在社会经济生活中的不平衡关系。"③ 一项贵州省黔东南州雷山县方祥乡平祥村的调查表明:22—49 周岁的男性青年为 10669 人,女性青年为3937 人,性别比为 271.76。④ 云南佤族贫困地区大量外流女青年不愿意嫁回家乡或本地女青年通过外嫁流出本地,这种人口的流动带来的婚姻问题是本地男青年择偶困难。佤族女性特定流向的婚姻迁移,打破了人口的地域性别比平衡。在整个中国都面临婚姻挤压的情况下,佤族女性的婚姻迁移一定程度上缓解了迁入地的婚姻挤压问题,但必然加重迁出地男性婚姻挤压。⑤ 吉林省延边地区的农村朝鲜族人口婚龄男女性别比失衡相当严重。在当地的一些朝鲜族人口聚居的农村地区,由于婚龄女性人口大量向

---

① 何生海:《婚姻地域挤压的社会学分析》,《贵州大学学报(社会科学版)》2012 年第 1期,第 97—102 页。

② 姜全保、李波:《性别失衡对犯罪率的影响研究》,《公共管理学报》2011 年第 1 期,第71—80 页。

③ 马健雄:《性别比、婚姻挤压与妇女迁移——以拉祜族和佤族之例看少数民族妇女的婚姻迁移问题》,《广西民族学院学报(哲学社会科学版)》2004 年第 4 期,第 88—94 页。

④ 刘彩清:《少数民族男性青年婚姻挤压问题初探——以贵州省雷山县平祥村苗寨为例》,《经济研究导刊》2016 年第 3 期,第 44—46 页。

⑤ 白志红、李文钢:《佤族男性婚姻挤压及夫妻年龄差研究》,《西南民族大学学报(人文社会科学版)》2011 年第 8 期,第 33—36 页。

城市(国外)流动,很多朝鲜族成年男性到了婚龄,都面临着无妻可娶的窘境。① 云南省人口较少民族在初婚和再婚市场均面临高度男性婚姻挤压,其面临的男性婚姻挤压程度高于全国和55个少数民族平均水平。西南边境一些少数民族跨境寻找新娘,但在现有政策下,跨境婚姻非婚生子还存在落户困难,面临不能享受边民补助、入学难、就业难等一系列问题,易使其后代陷入低学历、低素质的恶性循环。

M镇偏居于湖北省的西南部,在中国宏观的区域分布中属于欠发达地区,女性的婚姻迁移现象相当突出。据M镇干部田汉桥介绍,"我分管的几个村里,年轻女娃儿绝大多数都嫁到外地了,在本地成家的很少。"当大量女性婚姻迁移直接导致了当地的婚姻市场上的"女性荒"时,村民们这才意识到问题的严重性。巷口村妇委会主任杨琦回忆说:

> 90年代初的时候,女的出去打工的还蛮少。当时我们思想不开放,觉得女的出去打工,不是做正经事情。过了几年时间,越来越多的女娃儿出去了。……到了零几年(21世纪以来),有些地方不好找媳妇儿了。慢慢地,越来越多的地方不好找了。

自21世纪以来,为了推动"打工"经济,当地政府和妇联组织了一系列针对年轻女性的职业技能的培训,如缝纫、电脑、家政等技能培训班,还四处寻找劳务用工的信息和机会,将大量女性剩余劳动力输送到沿海。以2017年为例,M镇外出务工人口为43183人,其中女性为19823人。由于婚姻登记方式的改革,结婚不需双方户口所在地的审批,因此没有外出女婚嫁地的官方统计数据。通过对各村妇代会主任统计的数据进行汇总,2000年以

---

① 刘中一:《婚龄性别比失衡对社会运行和发展的影响——来自吉林省延边朝鲜族自治州农村地区的调查分析》,《东疆学刊》2005年第4期,第103—109页。

来,M 镇省外婚姻迁移的女性约 350 人,省内市外婚姻迁移的女性约 620 人,市内镇外 320 人,镇内婚姻迁移的女性约 560 人。其中,跨省迁移的基本流向是东南沿海或发达地区。女性大量外婚,直接减少了 M 镇婚姻市场上的女性资源,打破了婚姻市场的性别结构平衡,导致了男性的婚姻挤压。村民们表达了对婚姻挤压的忧虑:

> 我们那个年代,虽然物质条件差,饭都吃不饱,大家都那样穷,也就不觉得苦。但那时候一般都可以找到媳妇儿,这个事情不用愁。现在,你说钱是多了,房子也住得舒服了,有吃有喝的,但是找不到媳妇儿,现在太难找了。(高坡村村支书邹永华)

> 现在这个时代好,特别是十八大后,农民得实惠了,种地不交税,还发钱,看病也有医保,路也修通了,老百姓的日子过得越来越好了。现在农村最大的问题就是找媳妇儿难,本地姑娘都出去了,都往城里跑,往沿海发达地区跑,外头的姑娘不愿意来,找个媳妇太难了。(旺兴村村支书王尚元)

更值得深思的是,宏观数据显示出生人口性别失衡的程度与大龄未婚男性的分布比例并不趋同。C 市的人口性别比如表 8 所示。

表 8　C 市分年龄分性别人数统计表(截至 2017 年底)

年龄别	总人口数(人)	男性人口小计(人)	女性人口小计(人)	性别比(%)女=100
—100	974060	509678	464382	109.754
0	10723	5524	5199	106.2512
1	11023	5708	5315	107.3942
2	12002	6217	5785	107.4676
3	12499	6613	5886	112.3513

年龄别	总人口数（人）	男性人口小计（人）	女性人口小计（人）	性别比（%）女=100
4	14326	7513	6813	110.2745
5	13842	7194	6648	108.213
6	14500	7580	6920	109.5376
7	14659	7691	6968	110.376
8	14559	7646	6913	110.6032
9	13779	7364	6415	114.7935
10	14175	7539	6636	113.6076
11	12692	6711	5981	112.2053
12	13168	7039	6129	114.8474
13	11625	6134	5491	111.7101
14	10868	5790	5078	114.0213
15	11200	5917	5283	112.0008
16	10338	5489	4849	113.1986
17	10632	5508	5124	107.4941
18	11636	6022	5614	107.2675
19	10449	5380	5069	106.1353
20	10092	5107	4985	102.4473
21	11969	6079	5890	103.2088
22	13752	7010	6742	103.9751
23	16119	8069	8050	100.236
24	15506	7682	7824	98.18507
25	16871	8505	8366	101.6615
26	19656	9960	9696	102.7228
27	19862	10101	9761	103.4832
28	18100	9240	8860	104.2889
29	19643	10062	9581	105.0204
30	16357	8340	8017	104.0289
31	14130	7195	6935	103.7491
32	14313	7441	6872	108.28
33	13261	6859	6402	107.1384

年龄别	总人口数（人）	男性人口小计（人）	女性人口小计（人）	性别比（%）女＝100
34	15547	8209	7338	111.8697
35	13739	7283	6456	112.8098
36	12662	6867	5795	118.4987
37	13362	7212	6150	117.2683
38	12806	6902	5904	116.9038
39	12244	6641	5603	118.5258
40	13823	7633	6190	123.3118
41	16268	8731	7537	115.8418
42	17120	9252	7868	117.5902
43	17677	9579	8098	118.2885
44	18186	9969	8217	121.3217
45	17378	9447	7931	119.1149
46	19763	10582	9181	115.2598
47	18230	9690	8540	113.466
48	19967	10464	9503	110.1126
49	15675	8159	7516	108.5551
50	17465	9272	8193	113.1698
51	15757	8267	7490	110.3738
52	16348	8635	7713	111.9538
53	15501	7991	7510	106.4048
54	15098	7907	7191	109.9569
55	7142	3819	3323	114.9263
56	5156	2733	2423	112.7941
57	5422	2979	2443	121.9402
58	7672	4117	3555	115.8087
59	8516	4542	3974	114.2929
60	7615	4020	3595	111.822
61	8220	4254	3966	107.2617
62	9679	5048	4631	109.0045
63	8493	4454	4039	110.2748

续表

年龄别	总人口数（人）	男性人口小计（人）	女性人口小计（人）	性别比（%）女＝100
64	9435	5064	4371	115.8545
65	5921	3081	2840	108.4859
66	6405	3292	3113	105.7501
67	7431	4094	3337	122.685
68	6452	3333	3119	106.8612
69	5806	3115	2691	115.7562
70	5763	2999	2764	108.5022
71	4562	2218	2344	94.62457
72	5377	2787	2590	107.6062
73	5029	2501	2528	98.93196
74	5304	2639	2665	99.02439
75	4783	2350	2433	96.58857
76	3796	2010	1786	112.542
77	2762	1351	1411	95.7477
78	3644	1847	1797	102.7824
79	3006	1498	1508	99.33687
80	2839	1399	1440	97.15278
81	1968	1002	966	103.7267
82	1986	1001	985	101.6244
83	2072	1031	1041	99.03939
84	1727	824	903	91.25138
85	1194	548	646	84.82927
86	1302	628	674	93.17507
87	934	432	502	86.05578
88	911	437	474	92.19409
89	655	310	345	89.85507
90	454	222	232	95.68966
91	377	192	185	103.7838

年龄别	总人口数（人）	男性人口 小计（人）	女性人口 小计（人）	性别比（%） 女=100
92	337	163	174	93.67816
93	279	128	151	84.76821
94	178	80	98	81.63265
95	179	71	108	65.74074
96	123	57	66	86.36364
97	71	32	39	82.05128
98	55	21	34	61.76471
99	25	12	13	92.30769
100	23	6	17	35.29412
101	10	4	6	66.66667
102	14	8	6	133.3333
103	5	1	4	25
104	5	3	2	150
105	2	0	2	0
106	2	0	2	0
111	1	0	1	0

由表 8 可见,C 市全员人口性别比呈现出阶段性特征,即 0—16 岁的性别比大致在 110 以上,而 17—33 岁的性别比基本正常,34—65 岁在 110 左右,66 岁以上基本低于 100。即便是在外地性别比持续处于高位的年代,C 市的人口性别比并不十分严重,但男性婚姻挤压却较为突出。

无论是施坚雅"农民常常在市场社区内娶儿媳"即关于中国农村通婚圈与初级市场基本重合的理论,①还是杜赞奇认为"集市辐射半径在限定联姻圈和其他社会圈方面都有着重要作用,但联姻圈等有着自己独立的中心,并不

① ［美］施坚雅:《中国农村的市场和社会结构》,史建云、徐秀丽译,中国社会科学出版社 1998 年版,第 45—46 页。

一定与集市中心重合",亲属文化网络决定通婚圈的理论,①随着社会主义市场经济条件下的人口跨地域迁移这一变量的加入,都土崩瓦解,不再具有任何理论阐释力。今天中国农村的婚姻圈,在信息时代无缝连接的无形虚拟网络和水陆空四通八达的有形交通网络下,已经很难划定一个相对明晰的边界。大致地说,农村女性的婚姻圈呈现出从原有较狭窄的范围逐渐向城市、向发达地区延展的特征,而农村男性的婚姻圈则基本保持在原有的范围内。

　　女性的劳务流动从理论上扩展了贫困地区农村女性的婚姻圈,而整体婚姻市场上女性的短缺为女性向发达地区的婚姻迁移提供了可能;尽管男性也参与了从贫困地区向发达地区的劳务流动,从理论上也有着更大的婚姻圈,但在男多女少的婚姻市场上,贫困地区农村男性的婚姻估值不具有与外面男性竞争的能力,只能在原有的婚姻圈内择偶。但原有婚姻圈内的女性实现了婚姻外迁,从而导致男性面临着婚姻挤压。"对农村大龄未婚男性社会排斥的发生,不仅是其个人及家庭所处的弱势经济条件和社会地位使然,更是个体和家庭弱势在宏观社会背景与区位劣势环境相互叠加影响下的后果。"②婚姻市场野蛮的掠夺性、劫贫济富的机制使贫困地区农村的男性成为婚姻挤压的最终承受者。"高性别比导致男性婚姻挤压"这一简单的人口学原理通过极其复杂的经济、社会和文化机制表现出来。在这一机制下,出生性别比较低的地区,反而成为男性婚姻挤压最严重的地区,那些地域资源较差的偏远不发达地区、人口迁出区的男性,家庭及个人资源较弱的男性,终将成为婚姻挤压最末端的承受者,以被迫失婚为较发达地区的出生人口性别选择行为付出代价,婚姻成为一种调节地区人口性别比外在的重要杠杆。

---

　　①　[美]杜赞奇:《文化、权力与国家:1900—1942 年的华北农村》,王福明译,江苏人民出版社 2004 年版,第 15 页。
　　②　孟阳、李树茁:《性别失衡背景下农村大龄未婚男性的社会排斥——一个分析框架》,《探索与争鸣》2017 年第 4 期,第 81—88 页。

宏观的地理环境作为婚姻估值的重要指标,说明婚龄人口性别比失衡不仅是一个人口结构问题,更是一个经济问题,是中国区域发展不平衡、城乡发展不平衡和贫富差距在婚姻问题上的集中体现,表现为在人口流动的大背景下,发达地区和城市对贫困地区和农村婚姻资源的掠夺。"打工"对于深山腹地的 M 镇男性真正是一把"双刃剑"。农民的社会流动是农村社会分层的动力机制,它让千百年来以土维生的庄稼汉走出山乡,在实践中练就了一项或几项技能,见识了一个前所未见的现代世界、一个浮光繁华的艳羡所在,并获得了比种地丰厚得多的经济回报。部分精英农民甚至在城市里获得了大显身手的机会,成功逆袭,在城市安居乐业,洗掉了紧黏在身上的农民身份,获得了在更大范围内择偶的机会。部分农民也因手艺赚钱发家致富,并得以安排好自己的婚姻大事。然而,对于那些综合估值较低的农村男性而言,"打工潮"打破了静止时代婚姻资源相对平衡的保护机制,卷走了大量潜在的结婚资源,湮灭了他们结婚生育的原始渴望,冲刷了他们对人生幸福的憧憬与安放。得失之间,无法算计。

失婚男在贫困地区农村扎堆的现象,提醒我们不能将婚姻挤压的总体统计数据理解为全国或地区平均分布,而是要重视不同经济发展水平、不同生育文化传统、不同现代化程度的社会间的巨大差异,重视婚姻市场女性缺失对不同社会产生的不同影响。

(二) 微观的地理条件

在同一个区域,不同地理条件的村庄在婚姻市场估值中也有区别,"大龄未婚男性的数量与村庄所处的地形密切相关……村庄偏僻的地理位置或较差的经济状况,刺激高比例的女性人口向外流动,并带来婚姻挤压程度的加重。"①

---

① 刘利鸽、靳小怡、费尔德曼:《婚姻挤压下的中国农村男性》,社会科学文献出版社 2014 年版,第 59 页。

自然环境恶劣，经济社会发展迟滞，是贫困地区"光棍村"的共性特征。贵州开阳县高寨乡牌坊村、思南县孙家坝镇王家坝村的"光棍村"之果，在很大程度上也源于偏僻贫穷。牌坊村是石山村，全村 24 个自然村寨中，仅 10 个自然村寨通硬化公路，其余 14 个自然村寨雨天无法通行；王家坝村石头多、耕地少、水资源匮乏。当地流传的顺口溜"山高路陡石旮旯，常年都吃苞谷沙；要想吃顿白米饭，除非老者生娃娃"正是这些村庄生存环境的真实写照。① M 镇也表现出类似的趋向。

　　M 镇是典型的喀斯特地形，山大地少，家家户户真正"开门见山"；土壤贫瘠，遇大雨冲刷即岩石裸露于外，耕地质量差，水土流失严重，旱、涝、风、雹频发，且抗自然灾害能力弱，村民总结当地"五年一大旱，三年一小旱"，种植基本上是"望天收"，在很长的历史阶段里，M 镇都是外地人眼中的穷乡僻壤。境内重峦叠嶂，山高坡陡，地面崎岖。虽然近些年来交通事业发展迅猛，高速、国道穿镇而过，且公路实现了"村村通"，但高速没有在 M 镇设置出口，特别是山大人稀的地理分布，村民外出仍然要几经辗转，农产品运送也需要多次中转。

　　时代的变迁牵引着婚姻市场中地理环境各要素的估值波动。在自给自足的农业经济时代，微观环境中土地及其衍生物农产品的数量和质量是生存环境的首要因素，也是女性择偶的估值指标。而在后农业时代的现代化浪潮中，微观环境中离现代化的距离、拥有现代化的要素多少，则成为女性择偶的主要考量。在当地婚姻市场估值系统中，平坦的地势、临近公路学校、距离城镇较近、有茶叶、中草药、果蔬等园区，都是"好地方"的标准。一些地理环境好的村庄的男青年更容易找到媳妇，而较差的村庄则成为男性婚姻挤压最严重的地方，失婚男扎堆。泥门坎村离 M 镇中心 90 余公里，每

---

① 杨斌：《农村男性弱势群体的婚姻边疆化问题研究——以贵州为例》，中国社会科学出版社 2010 年版，第 162 页。

天只有两趟中巴车到镇上,有些家庭住在山半腰,修不进公路,步行到公路还要半小时。由于交通不便,村民的思维和视野也相对闭塞,经济发展居于全镇中下等,全村失婚男有89人。牛坝村离M镇中心130公里,新修的挂壁公路沿山蜿蜒,汽车只能慢速行驶,从M镇到村里车程达4小时,经济发展居全镇之末,村中失婚男达101位。地理位置在女性择偶中的权重得到了村民公认:

> 以前哪个女娃儿放到(当地称女孩找对象为"放人家")水田多的地方,就是落到米窝儿了,一辈子吃米不愁;如果放到M镇周边,那就是让人爱(指羡慕)。水田坝子、隔镇近的地方,好找媳妇,由媒人带到我们这里来挑女娃儿,想挑谁就是谁。现在的女娃儿眼光又高了,都往下截(相对于以"二高山"地形为主的村庄,县城、州城是地势低洼平坦的地方,故称为"下截")、往外面(指自治州以外的地方)跑(指嫁出),稍微偏僻一点的地方,男方人也长得标致,但女娃儿看都不看,不好找媳妇,好多"老大难"。(沿江村妇代会主任向红)

> 谈过一个江西的女娃儿,我们在武汉做事时认识的,都谈了一年多了,过年把她带回家。她在我家过了一个年后,不愿意谈了,说她家里不同意,她家里说我们这里太远了,交通又不方便。那时候确实不方便,路都没修通,从镇上走回来,花了一个多小时,她穿着高跟鞋,脚都走不动了,还没她自己家那里好……就这样吹了。(双林村刘畅,38岁)

> 地头生瞥(方言,指差)了,没得女娃儿愿意来嘛。(双林村熊中培,33岁)

> 以前M镇坝子上的都在瞄,在山上找个妹娃儿。现在,山上的姑娘挑得很,不一定看得起山下的,都要往城里跑。(巷口村居民杨杰)

> 女娃儿都想往城里跑,城里多好呀,下雨天走一步路,鞋子都不会

搞脏,又好玩,又好找事情做。我们这个农村,晴天一身灰,雨天一身泥,买点东西还要走好久,是没有城里好。(旺兴村村支书王尚元)

稍微长得标致一点儿的女孩,要找城里的。(江源村村民江天勇)

女性通过婚姻跳板,实现了地理位置的梯级迁移。地理环境并不是直接作用于婚姻市场估值,而是通过经济社会发展、现代化水平等中介来实现其影响力的。地理环境是经济社会发展的基础。在资源导向型的传统经济增长模式中,一定区域地理环境的构成物如地形地势、水源土壤、气候植被等自然资源进入生产中,会带来相应的经济效益和社会效益。而在现代化进程中,由于城镇的资源集聚效应和发展引领效应,以及社会流动性的增加,离城镇距离、交通便利程度更成为地区经济发展的制约因素。因此,微观的地理环境诸因素构成衡量一个村庄在婚姻市场估值的评价系统。女方与其说是关注男方的地理位置,不如说是关注地理位置所派生的生活品质、经济发展资源及未来发展潜力。

2000 年以来,M 镇女性跨县、镇迁移的基本流向是从农村向城市或市郊、从贫困农村向富裕农村。在女方看来,地理位置偏僻不仅意味着对未来发展的限制,还意味着拉远了与年轻人心驰神往的现代生活的距离。当媒人向待嫁女孩介绍对象时,家庭所在地是首要关注事项,其次才是其他条件。嫁到城郊意味着身价提升,是家庭的隐形骄傲来源。相反,则意味着身价较低。

我们家地方不好,在这个山沟沟里过了十几年,进城要走几小时,下雨天出门就是一身泥,高跟鞋都穿不了⋯⋯好不容易有机会逃脱出去⋯⋯嫁个交通便利的地方,今后想去城里说走就走了,人也开放些,找事情做也方便些。那个(指清水村)山旮旯里,交通不方便不说,思想也落后,有网络的人家都很少,手机上网都不行,打扮得时尚点,还怕

人家说闲话……这种地方，就是家里条件好，也不想嫁。（江源村姚芳，21岁）

这些通过劳务迁移进城的年轻女性，通过城市工作生活的经历，触摸到了现代化的脉搏。出于对现代生活的景仰，她们作出了以婚姻为契机靠拢现代生活的人生规划。哪怕不能嫁往城市，也要选择一个地理条件更便捷通达城市的村庄。

在一些特殊情况下，如果所在村庄的地理环境估值低，即便是家庭的经济条件不错，男方在婚姻市场的估值也会被村庄的整体地理环境拉低。红树村是 M 镇经济条件较差的村庄，村民谭生才自 20 世纪 90 年代初，就到深圳从事建筑装修工作。到 2000 年左右，他的年收入就可达 4 万—5 万，他在宅基地上修建了当时村里最豪华的两层楼房，里里外外装饰一新。2009 年，他的大儿子在新房里结婚。2010 年，他又在一块宅基地上为 18 岁的小儿子建了一栋两层楼房。2015 年，还为小儿子买了一辆 8 万元的汽车。这些年他频频托媒人为小儿子找媳妇，但"女孩一听是这个村的，就不愿意来，都觉得地方不好"。2016 年，在"儿子年龄越来越大，拖不起、等不起"的紧迫形势下，他举债在县城为小儿子买了一套 110 平方米的房子，才让儿子成功"脱单"。

女性级差型外嫁导致贫困山区男性婚姻挤压异常严重。在一些偏远的村庄，有儿子的家庭纷纷迁移到城镇郊外，精锐青壮年愈少，当地的婚姻评级愈低，从而形成了恶性循环。双沟村共 17 个小组，其中 9 组最僻远。20 多年前，这个地方的男性就难以娶妻，组里 55 岁以上的老单身汉就有 7 个。原来小组共有 100 多人，由于没有女孩愿意嫁入，有本事的年轻人被迫离开此地、迁到城镇附近去寻找更多的婚姻机会。现在全组只剩下 11 户 40 多人，这些都是没有条件搬迁的人。滞留在村庄里的人口长期处于同时期的"素质凹地"，严重限制当地发展。

虽然每个村都有男孩从打工地带回女孩，但很多女孩在目睹了村里的地理条件后，通过各种途径跑掉。村支书介绍，有些狡猾的男孩，在外打工的时候找了女朋友带回家时，先在镇上消磨时间，等到天黑时，租一辆车回家。第二天早上，女孩打开门一看，白茫茫一片，顿时傻眼了，跑都不知往哪个方向跑。生下孩子后，就安定下来了。据 M 镇干部王家欣介绍，她在精准扶贫过程中，了解到两个典型案例。这两个案例的女主人公都是本地男性在外打工时带回来的媳妇，由于年少无知，她们在对男方的背景没有任何了解的情况下，就恋爱同居了。等来到男方家时，才发现与自己的预期相距甚远，但由于很快怀孕生育，不忍心撒开孩子一走了之。久而久之，极度的矛盾痛苦超出了心理承受能力，最终发展成为精神病，"疯疯癫癫的，一辈子都毁了"。

白羊村和齐峰山村的变迁最能说明经济发展与婚姻挤压的关系。20年前，地处雅雀山峰的白羊村道路不通，交通极其不便，是 M 镇最穷的村。那时候，男性择偶面临困难，平坝的女孩是绝对不会上山的。但随着近些年村里发展高山蔬菜和中药材种植产业以来，村中的经济社会发展迅速，成为 M 镇经济条件最好的村之一，许多村民在镇上或 C 市买了房，平时住在城镇，农忙时开着小轿车回山上种地。随着经济发展风生水起，男性在婚姻市场也迎来好行情，许多平坝的女孩愿意嫁进来。

齐峰山村平均海拔 1500 米以上，主峰如一壁高耸的城墙横贯东西，曾为古时荆楚、巴蜀的军事要地，明末李自成余部在山上立营，坚守达 9 年之久；后川楚白莲教借助此天险，大败清军；1934 年红三军也曾在此安营扎寨，多次打败前来"围剿"的敌军，故此山有"万里城墙"之美誉。但在很长的历史时期，大山也挡住了当地经济社会发展的脚步，甚至吃大米都是一种奢侈，当地流传着一句顺口溜，"齐峰山，雾沉沉，想吃大米二世人"。山下的姑娘不愿意嫁往山上，在 20 世纪八九十年代男性娶媳妇一直是难题。由于齐峰山气候四季分明，冬无严寒、夏无酷暑，被万余亩原始森林覆盖，植被丰富,年平均气温18℃左右,犹如大自然镶嵌在中部腹地的"天然空调"。近年来,政府发挥这些优势,发展避暑产业和旅游产业,同时,发展以卷心菜、烤烟为主的种植业。通过产业的升级换代,齐峰山村经济快速发展,2017年人均收入达2.1万元。村庄富起来,婚姻市场估值也随之涨起来。如今,山下的姑娘也愿意嫁到山上来,村里的男性娶媳妇不再是难事。这两个村的变化生动地说明,经济发展是决定婚姻市场估值的重要因素。

微观地理环境的分级体系既是女性婚姻去向的分级层次,也是男性婚姻挤压程度的分级层次。在M镇的微观地理环境中,根据地理条件所影响的婚姻市场估值,所有村庄被划分为三个层级,即"好找媳妇"的村庄,如白羊村、旺兴村,用当地人的话说,可以"打着灯笼挑媳妇";"能找到媳妇"的村庄,如上丘村,在对女方要求不是很高的情况下,一般能找到媳妇顺利成婚;"找不到媳妇"的村庄,如泥门坎村已经出现了大量的大龄婚配困难男性,并产生了传递效应,成为镇域内闻名的"光棍村"。村庄的层级在一定程度上决定了男方个体在婚姻市场的层级。来自更贫困地区的女性资源虽然可以缓解本地婚姻市场上的女性紧缺,但稳定性较差,逃跑或骗婚情况有零星发生。

基于宏观区域位置和微观地理条件的分析,今天中国婚姻市场的基本格局为男性总体过剩且在大区域间、同一区域的县镇间、同一县镇的村庄间分布极不平衡。

三、羸弱的个体条件

M镇青年的择偶渠道大致可分为两类:一是在外打工时自由恋爱。这类群体的婚姻圈较宽广,近几年村民从打工地带回了来自四川、贵州、浙江、安徽、吉林的媳妇,范围几乎揽括了大半个中国。二是经媒人介绍相识相

恋。这类群体的婚姻圈基本就在本县,其中以邻近的村寨为最多。在媒人
"牵线搭桥"下,双方对对方的情况有基本的了解。一般来说,掌握主动权
的女方出于理性和慎重,除了听信媒人的介绍外,还会利用熟人社会的人脉
资源,将男方的信息进一步明确化,包括身高外貌、健康情况、性格品德、能
力技巧,以及是否有成长污点、是否有不良习惯,家庭经济条件、父母状况、
家风家教等都打听得一清二楚。对各项条件的综合估值满意,则作出见面
以及进一步交往的允诺。在见面和交往中,进一步验证信息的可靠性,评估
婚姻的适宜性。如果个人条件优越,也可能消弭地域上的劣势。

(一) 外貌

婚姻关系无疑是人类最复杂的社会关系。婚姻不仅是男女在社会资源
和生活空间上的简单组合,而是建立在爱情基础上、以性为纽带的亲密关
系,除了婚姻的社会性,它还具有生理、情感和审美的特性。因此,外貌是人
类所有婚姻文化中共同的标准。外貌在择偶标准中的权重具有明显的性别
差异,一般来说,女方的外貌更受到关注,但在女性稀缺的婚姻市场,男方的
外貌也成为女方的重要考察指标之一。

> 他(石坝村向召林,31 岁)主要就是个子不高大,就这个缺点嘛,就
> 不好找媳妇。托了好多媒人,一见面就没下文了。(石坝村村支书田
> 展卢)
> 他(丹鹤村叶志南,38 岁)相貌差了点儿,有点儿矮,有点儿瘦,人
> 还是蛮精灵,又有技术,在城里当大厨,一个月六七千呢,就是找不到。
> (丹鹤村村支书陈兴江)
> 有一次我大婶给我介绍了一个男娃儿,长得不好看,土得掉渣儿,
> 我不喜欢,没有感觉。(小叶村女孩肖远航,19 岁)
> 我们这个年龄的女娃儿,都喜欢长得帅的男的,人之常情嘛,就是

在街上买个萝卜也要挑好看的。(丰鱼村女孩万华华,20 岁)

外貌成为对男性婚姻估值的重要内容,女孩对未来丈夫身高、外貌的要求将那些外貌处于劣势的男性淘汰出局。

(二) 情商

情商即情绪商数,主要是指人在情绪、意志、耐受挫折及处理人际关系等方面的品质及能力,包括自我意识、控制情绪、自我激励、认知他人情绪和处理相互关系的能力。在现代社会,情商是决定人生成功与否的关键,更是婚姻成败的关键。

今天贫困地区农村婚姻市场上的适婚女性已经不是真正意义上的农民,她们出生于 20 世纪 80 年代以后,在农村上学后直接来到城市务工,基本没有从事过农活。更值得注意的是,她们是在互联网时代成长起来的网民。虚拟精神空间被她们醉心神往的现代时尚所充盈。父母辈那种"父母之命、媒妁之言"的乡村传统择偶方式已成为她们不屑的陈旧事物。在这种择偶新风中,男性的情商也成为能否获得芳心的标准。性格内向、不善言辞、老实憨厚这些在上一代女性择偶时不会减分的性格特征,已经成为今天姑娘们嗤之以鼻的贬义词。

> 这个娃儿(红树村高治盛,41 岁)不大爱说话,怕丑,内向,说话还有点结巴。2009 年,我给他介绍一个女孩,我带他去见面。见面了,他一句话也不说,女方就不同意了。(高治盛的叔叔高洪洋)
>
> 他(石坝村余长生,36 岁)太老实了,没有一点儿心计(指城府),这个社会行不通了,女娃儿不喜欢这样的男娃儿,今后在社会上会吃亏,混不开。(石坝村村支书张光耀)
>
> 时代不一样了,标准变了。有的男娃儿没什么本事,也不踏实,油

腔滑调的,在外面打工就领个媳妇回来了。那些老实巴交的,踏实肯干的,反而找不到媳妇儿。(石坝村村民向在芹)

我有一个表弟,39岁了,还没结婚,家里条件都挺好,还在镇上买了房子。我们帮他找媳妇儿。有一次,我领了个女娃儿去见他,结果他不与女娃儿说话。我们在旁边看着急死了,只好偷偷发短信给他,让他和女娃儿说话,但他还是不开窍。我看他这辈子是找不到媳妇儿了。(C市卫计委干部向月华)

红树村村支书段有来认为,那些找不到媳妇儿的人,主要原因就是性格倔强,"有的人8头牛都拉不过来,现在的女娃儿谁会跟他过呀? 现在的女娃儿都要人哄"。而不良的人品和性格也可能是导致婚姻失败的因素。高塘村村民龚治高,38岁,勤劳肯干,既种烟、黄连、高山蔬菜,还在附近打零工,收入在同村人中还算可观。虽然未修房,但有一笔可观的存款。本来条件不差,但人品的缺陷使他的婚事屡败。村支书龚方佑介绍,20来岁时,媒人带一个女孩来看,他招待别人吃了一餐饭,对方回家后表示不满意。这本来是极其正常的事情,可龚治高跑到媒人和女孩家中,要求她们把那餐饭钱退回来。同样的事情发生过3次。这一行为在村中传开后,再也没有人愿意给他做媒。

红旗村村支书肖继尧的侄子肖希杰,36岁,2003年毕业于某985大学,毕业后在武汉某高校从事教学工作3年。父亲是方圆几十里知名的好中医,经营着村卫生室,家庭条件在村中数一数二。但肖希杰从高校辞职后就回到家,既不外出打工,也不务农。他性格特别倔强,爱钻牛角尖,"市里修公路征地,要占他家一点儿地,补偿标准都是确定的,但他死活不同意,无论多少钱都不同意,最后只好改线路……我们拿他都没有办法,他的社会知识太差了"。前几年,父母催他找媳妇儿,他说自己事业有成后再说。眼看着年龄越来越大,父母托人给他介绍一个邻村的大专生,那女孩听说他是名牌大学毕业,有意交往。第一次见面,他一直不停地批判政府、抱怨社会,甚至辱骂周围邻居,吓得女孩一声也没吭,再也没有联系。"当年他考上重点大学时,我们这里还游街了,骄傲得不得了……他这个性,没有哪个女孩愿意和他过,注定打一辈子光棍",肖继尧叹息道。

高情商或许能弥补其他方面的不足,成就一桩婚姻。秋木村冉文彬31岁,在外务工多年,却身无分文,家中房子快垮塌了。但他能说会道,村里人称他"连树上的鸟儿都能哄下来"。2013年到云南务工时,从当地带一个女孩回家,后来还帮哥哥找了一个媳妇。兄弟俩都是成家后才修的房子。

在"父母之命、媒妁之言"为婚姻缔结方式的传统社会,情商几乎被湮没在现实功利因素的考量之中,男女当事人既没有可能,也没有必要相互了解对方的情商。婚姻生活恰恰是情商发挥作用的主战场,在自由恋爱成为婚姻缔结的主要形式、爱情成为婚姻缔结前提的时代,情商与其他世俗条件一道,成为婚姻估值的重要指标。特别是在性别结构失衡的婚姻市场,男性情商的重要性前所未有地凸显。

(三)健康

健康是人的基本权利,也是美好婚姻生活的基本前提,因此成为理性的人在择偶中的首要关注事项。在正常的婚姻市场上,健康的婚姻需求方对对方的健康要求是不言自明的基本条件,根本不需要额外强调。唯有在健康方面有欠缺或残疾的少数群体,或在其他方面存在重大短板的个体,才会在择偶中对健康提出特殊要求。根据健康状况,这部分群体可分为三类:一是身体严重缺陷,如盲、聋、哑、痴、瘫、精神病等,生活无法自理;二是身体有一定缺陷,如手脚有一些毛病,或面部被烧烫伤等,但能够正常生活劳动;三是身体没有明显缺陷,但体质较差或患有一些慢性疾病,但不影响正常的生活劳动。

在20世纪90年代以前的M镇婚姻市场上,健康有欠的男性,要么找一个残障状况对等的女性,要么找一个残障状况比自己更严重的女性,而有些残障,如瘫痪、精神病男性患者婚配的概率极小,该镇 13 位年龄 28 岁以上的重度残障男性均单身,其中 10 位这样的患者已年过 50 岁,基本成婚无望。而这种残障程度的女性却有婚嫁的可能性。也就是说,排除一些重度残障如瘫痪、精神病患者,一般残障程度的男性是存在婚配可能的。

在今天的 M 镇婚姻市场,是健康男性激烈角逐、争夺有限女性资源的战场,健康有碍的男性几乎没有出场的机会,直接被清除于婚姻市场之外。有研究表明,身体残疾与失婚有高度的相关性,残疾男性成婚的可能性只有非残疾男性的 20%左右。西部和中部村庄中,大龄未婚男性中残疾人口的比例为 19.0%。[1] 身体残疾与经济贫困相互交织,农村残疾男性的婚姻机会和恋爱机会均明显小于非残疾男性,在婚姻市场竞争中处于绝对劣势地位,成为婚姻市场竞争中失婚风险高、成婚困难大的弱势人群;残疾男性婚姻的"同类匹配"程度变低。[2]

据各村统计的数据,M 镇 28—50 岁之间的残障男性共 239 名,其中仅有 47 位结婚,结婚率仅为 7%。而 28—50 岁之间的残疾女性共 191 名,几乎全都结婚,基本不存在难以婚嫁的危险。这与贵州的情形类似,"几乎没有发现因为身体缺陷而'无夫可嫁'的农村大龄未婚女性"。[3] 巷口村妇代会主任饶德香认为:

> 男的身体有问题,想都莫想(结婚),长得标标致致的男娃儿都找不到,还何况有问题的呢? 前些年,身体有问题,可以找个女方也有问

① 刘利鸽、靳小怡、费尔德曼:《婚姻挤压下的中国农村男性》,社会科学文献出版社 2014 年版,第 62 页。

② 刘利鸽:《婚姻挤压下农村残疾男性的婚恋机会和婚姻策略》,《青年研究》2017 年第 1 期,第 9—18 页。

③ 杨斌:《农村男性弱势群体的婚姻边疆化问题研究——以贵州为例》,中国社会科学出版社 2010 年版,第 172 页。

题的,或者寡妇。但现在这样的女方都不愁嫁人,还俏呢!

在双林村,31 岁的姚艾林右腿发育不良导致行走稍有跛瘸。初中毕业学习掌握了电器维修技术,在镇上开了一家家用电器维修店,年收入可达六七万元,这在当地算比较高的收入。他的父亲是村中的能干人,近些年来当小包工头赚了不少钱,2000 年为大儿子修楼房并操持了结婚大事。2007 年,又为姚艾林修了一栋两层楼房。说起姚艾林的婚事,他的母亲忧心忡忡地说:

> 小儿子腿有毛病,是我一辈子的心病,我对他有愧疚。我早就对大儿子说了,我不可能公平对待,我对小儿子肯定要好些。给大儿子办完婚事后,我就开始准备给小儿子修房,比大儿子的房子要修得好些,花的钱多些。这些年我到处请媒人,到处打听稍微有点残疾的姑娘,哪里有一点风声,我就去打听。……前些年儿子年纪还轻的时候,我还想找个有点小缺陷的姑娘,或者家庭条件差的姑娘。我还放话出去了,哪个姑娘只要愿意来我家,我把她当宝贝,我不要她做事情,今后的财产都归小儿子。中间也有几个女娃儿来过,见几次面后就没有下文了。我的条件一降再降,现在都没有条件了,只要是个女娃儿就行,但还是找不到。没办法呀,女娃儿太少了,国家给我们农村做了这么多实事,但这个最紧要的事却没有帮。

姚艾林本人对结婚的可能性也越来越低估,几乎不抱希望了:

> 我自己这个情况,就不指望(结婚)了。人家好手好脚都找不到,哪个会看上我呀。

在 M 镇女性资源稀缺的婚姻市场,男性面临重重关卡,而健康是男性的第一道入场券,是参与竞争的前提。身体有残障的男性被残酷地淘汰出场,只能置身场外。

"近八成的大龄未婚男性身体健康、没有残疾,且西部地区大龄未婚男性的残疾比例最小而东部最大,从一个侧面说明其他社会经济因素是影响农村男性成婚的关键因素"。[①] 这说明,在中西部贫困农村,男性的婚姻挤压主要原因是区域位置所决定的经济发展状况及现代化水平,因健康状况失婚的只占很小的比例。

(四) 教育及能力

前面所述经济条件是决定性因素,而教育、职业、收入前景是经济地位的主要测量指标,其中受教育水平与收入、向上流动能力正向相关。

1. 失婚男的受教育状况

1986 年,我国颁布了第一部《中华人民共和国义务教育法》,规定国家实行 9 年义务教育。但由于教育经费不足,在 20 多年中,义务教育并没有真正落到实处,9 年中小学义务教育阶段,学费、书本费、学杂费成为许多农村家庭沉重的负担,不少孩子因为家庭贫瘠无力担负学费而选择辍学。对于未完成 9 年义务教育的学生,学校、家长并没有进行干预。这一状况一直持续到 2006 年,新修订的《义务教育法》明确规定,"实施义务教育,不收学费、杂费"。2007 年春季学期,这项改革推及至全国农村;同年秋季学期,全国农村义务教育在免交学杂费的同时,还免收教科书费。

今天 M 镇受婚姻挤压的男性们的中小学阶段在 20 世纪八九十年代,恰逢还需交纳一定学杂费阶段(平均每个小学生年学费在 200 元左右,初

---

① 靳小怡、谢娅婷、郭秋菊、李艳:《"光棍"聚集与社区公共安全——全国百村调查的研究发现》,《西安交通大学学报(社会科学版)》2012 年第 6 期,第 36—44 页。

中生年学费在 300 元左右)。不少家庭迫于经济压力,作出了让孩子辍学的无奈选择。时代、地域和家庭的局限,通过受教育这一中介,在不少贫困农村孩子身上打下了深深的烙印。在 M 镇 2605 位 29—50 岁的失婚男中,文盲有 49 位,小学文化程度 1417 位,初中文化程度为 1113 位,高中及以上为 26 位。一项根据 2000 年人口普查的数据分析表明:未能成婚的男性在教育程度上处于相对的弱势地位,与已婚男性相比,他们的教育程度要低一些。28—40 岁未婚男性的平均受教育年限为 8.13 年,而对应年龄的已婚男性为 9.3 年;40—50 岁未婚男性的平均受教育年限为 5.76 年,而对应年龄组的男性受教育程度为 8.7 年。[①] 当他们作为一个成人走向社会时,知识经济、全球化、信息化的时代大潮又将知识、受教育的重要性前所未有地彰扬。

2. 失婚男适应现代社会的能力

所谓教育改变命运、教育决定未来,是通过教育所提升的能力这一中介得以实现的。任何一种活动都要求参与者具备一定的能力,而且能力直接影响着活动的效率和收益。因此,能力是个体安身立命之本、生存发展之基,也是权衡婚姻收益的基本要素。能力的范围极广,不同的层级、不同的岗位需要的能力是有差别的。在现代社会,对于一个普通人,正常的工作生活至少需要一定的学习理解能力、沟通表达能力、实践操作能力。其中,学习理解能力是知识经济时代最重要的能力,因为学习能力是所有能力的基础。知识不断更新,只有不断学习才能跟上时代前进的步伐。

学习能力与受教育程度直接相关。现代学习能力建立在一定的语言文字、基础知识和科学常识之上,如电脑打字要懂得拼音、运用电脑或机器离不开最基本的英语、上网或使用手机功能需要一定的文字识别能力和阅读

---

① 姜全保、李波:《性别失衡对犯罪率的影响研究》,《公共管理学报》2011 年第 1 期,第 71—80 页。

能力等。由于贫困地区农村男性的受教育程度普遍较低,相应地,学习能力也比较孱弱。

> 他(丹鹤村李迁银,37岁)还是文化差了点儿,见识也少,人家说的东西,他答不上话。学习新的东西,比别人慢一拍。(丹鹤村村支书陈兴江)

> 他(双林村黄佩江,42岁)承包了一个倒板(修房时做模板)工程,看不懂合同,哪晓得后来被骗了,这种能力以后怎么找得到钱?我就不和他谈了。(清源村郝小丽,已嫁到沿江村)

> 有一次,给他(石坝村余长生,36岁)介绍了一个女娃儿。女娃儿倒是蛮大方,主动和他说话,问他一些事情,但他对女娃儿说的事情接不上话。后来女娃儿就给媒人回话说,(余长生)表达能力太差了,算了。(石坝村村支书张光耀)

年龄稍长的失婚男几乎都不会用智能手机,只会用"老年机"。尽管操作极其简单,但保存电话号码、发送短信等最基本的交流功能都有赖于旁人的帮助。由于不会发短信、微信,他们被排斥于新社交媒体之外。稍年轻的失婚者在互联网大潮裹挟下勉强挤进智能手机队伍,但在利用手机这个现代工具时常显得力不从心。

> 别人介绍了一个女娃儿,要加我微信号,我告诉她没有微信号,后来就不了了之。这些高科技的东西好复杂,不会用……打个字好慢,长时间不用,都忘记了,字也写不对,经常写不出来,只好用拼音随便代替。(石坝村余长生,36岁)

> 手机都不会用,聊个天都不会,视频都不会,我说的他都好像不懂,接不上话,不会在网上照相、发图片,我们根本没共同语言,就是家庭条

件再好,也没有办法过日子,能力太差了。(白羊村梅小英,已出嫁)

除了文字理解能力,男性外出闯荡的经历和能力也成为婚姻估值的一个因素。自 20 世纪 90 年代村民陆续走出山乡的 20 多年中,外出务工已经成为农民的一种稳定的生产生活方式,也是青年追逐人生梦想的必由之路。如果说,第一代农民工外出的主要驱动力是赚钱养家糊口,第二代农民工外出的驱动力体现为一种合力,除了赚钱养家糊口,增长见识、体验城市生活、学习技术、找女朋友甚至游玩,都成为他们外出务工的源动力。可以这样说,外出闯荡的经历是这个时代衡量男性能力的基本指标。"门都没有出过,天天待在家里,有什么前途?"不仅是适婚的年轻女孩,村中大多数人都持有此类看法。村民为留守村中的男性贴上了视野狭隘、自信缺乏、没有能力、落伍时代的标签,在婚姻选择中自然被边缘化。白羊村牟红春的父亲早在 20 世纪 80 年代就开办了村中第一个小卖部,经营日常生活用品,成为村中第一个"万元户"。家境本就殷实的牟家在 20 世纪 90 年代中期又办起了一个小型的空心砖厂,平常请两三个工人作业。由于这些年正是外出务工群体赚钱后回家翻修楼房的高峰期,空心砖需求量较大,因而牟家生意红火,每年纯利润达到了十几万元,这一数额是当地大多数务工者年收入的 3 倍以上。2006 年,19 岁的牟红春高中毕业。同龄人均外出打工,但牟家父亲盘算了一下,认为家里的小工厂需要请人做事,不如就在家里干,赚得比外出还高。同时,外出务工很辛苦,吃住条件都很差,而在家里不用吃苦,也不受约束。于是,牟红春留守村中在自家砖厂从事管理工作。从毕业回家起,牟家就开始为儿子物色对象。刚开始时,由于家境较好,牟红春个子和相貌均不错,文化水平在当地也算高,家人和本人对未来媳妇的要求都较高,托人到本村和邻村几个条件较好的女孩家说媒,但这些女孩一听说牟红春没有出去过、没有技术,都拒绝了。眼见着周围条件好的女孩一个个嫁往外地,牟红春年龄也一天天大起来,全家人都开始着急了。2012 年,25 岁的牟红春为了补上外出务工这一课以提升婚姻估值,跟随同村人到深圳一电子厂务工,"男的不出门闯闯不行,女娃儿瞧不起,媳妇儿都说不到"。2014年,牟红春经人介绍与一个皖北农村的女孩结婚,才完成了婚姻大事。

外出务工不仅能够增加婚姻估值,也能拓展农村男性的婚姻场域和机会。不少失婚男怨悔没有及时赶上打工潮流从而错失了成婚的最佳时机,"我直到25岁才进厂,以前听别人说进厂好累,又不自由,就不想去。后来发现村里的女娃儿都出去了,找不到媳妇儿,才跟着别人出来……没有见过世面,放不开,不敢找女娃儿,胆子小,怕丑……那些年轻的,他们会哄女娃儿……后悔出来晚了,出来锻炼晚了,错过了找媳妇儿的时机"。一项苏北江边村的研究也发现,"那些没有及时跟上流动'脚步'的留守者,往往会因为错失婚姻机会而成为单身。"①

沟通表达能力也是现代社会的一张通行证。沟通是不同的行为主体,通过各种载体实现信息的双向流动,以达到特定目标的行为过程。现代社会是一个陌生人社会,每一个行为主体为了获取社会资源,都需要与他人进行信息交互并参与团队合作,沟通表达则是实现这一过程的工具。沟通表达能力的外壳是语言,内核则是逻辑思维基础上形成的观点和见识。沟通表达能力的提升需要有意识地训练。而失婚男的沟通表达能力受制于受教育程度、视野等局限,均较为欠缺。白羊村村支书李国明在分析本村大龄青年婚姻困难原因时,认为沟通表达能力弱影响了他们的个人发展和婚姻大事:

> 你看陈会山(37岁),莫看他三四十岁了,还从来不敢自己出门找事情做,总是要熟人带着,没有人带就在家里闲着,在外面找不到事情做。有一年,他跟着他的表哥到福建一个电子厂打工,天天跟着表哥,从不和别人交往。厂里安排他和别人一起操作一台机器,他不和别人

---

① 彭大松:《村落里的单身汉》,社会科学文献出版社2017年版,第107页。

说话,后来别人都提出不和他一起上班了,厂里不要他了。杨兴成(41岁)搞装潢,帮别人做家具,好几次,他都没按人家主人的意思做,主人不付钱,材料也费了,后来扯皮拉筋的。现在村里的小包工头都不愿意带他做事了。

职业是联系社会阶层深层结构和表层结构的结合点,它的内涵不仅仅是职业的社会声望评价,而且是一种社会地位的评价指标。[1] 对于从事体力劳动的农民而言,职业能力主要指实践操作能力。在分工越来越细密化的时代,实践操作能力又主要体现为专业技能,即当地人所称的"当家吃饭的手艺"。在外出务工的实践中,村民们都意识到了市场所需的手艺的含金量,纷纷拜师学艺。在 M 镇,男性掌握的手艺主要集中在建筑装潢业,包括泥瓦工、木工、油漆工、水电工、汽车驾驶等。但正所谓"师傅领进门,修行在个人",由于悟性、努力、身体条件等方面的差异,同一个工种,村民们的水平参差不齐,在劳工市场的价格也悬殊较大。一位技术精湛的泥瓦工,铺一平方米地砖的价格是 40—45 元,而普通技术则只有 30—35 元。在当地的劳动力市场上,包工头为技术过硬的师傅每天可开出 350 元的工资,而技术一般的师傅则只有 200 元。近些年来,C 市各项建设事业如火如荼地开展,为各种技能的劳动力提供了大量的从业机会,此前远赴外省务工的村民,大都回到了本地劳工市场。"积财千万,不如薄技在身",技能就是源源不断的"摇钱树",是家庭经济的主要来源,因此也成为女方对男方婚姻估值的重要项目。旺角村 20 岁的女孩韩丁丁直言不讳地表达了对技能的要求,"肯定要找个有手艺、会找钱的人,手艺是最靠得住的,别人抢都抢不走"。"男的没有手艺找不到钱,女的一脚就踹了","找钱能力差的男的,找

---

① 仇立平:《职业地位:社会分层的指示器——上海社会结构与社会分层研究》,《社会学研究》2001 年第 3 期,第 18—33 页。

不到媳妇儿"，白羊村村支书李国明说。

正因如此，虽然 M 镇男青年几乎人人身怀技能，但技能的层次在一定程度上影响着男性的婚姻市场估值。"大部分都是做杂工，没有固定的成熟的技术"，"头脑灵活、有技术的男娃儿，好找媳妇儿些；找不到媳妇儿的，大多数技术不是很好，都不是很会赚钱"，香木村村支书林道真总结道。由于所从事的工种技术含量低、替代性高，不少失婚男表示"外头有事情就在外头搞，没有事情就回家"，不少失婚男每年甚至长达一半的时间在家干农活或闲着，间歇性的务工、来来回回的路费支出，导致可储蓄收入微薄，在应对婚姻市场考验时十分困窘。

适应现代社会能力的欠缺也是失婚男婚姻估值低的原因之一。高坎村黄美扬 46 岁，在家承包十五六亩地种植烤烟。每到烤烟收购的时候，他就请妹夫帮着去卖，"我一个人不敢去 M 镇上，找不到路。我小时到 C 市看过病，后来再也没有去过，方向都不晓得，不敢出门"。泥门坎村黄长银，42 岁，只上过一年小学，自己的名字都不会写，出门做事不会算账，只会使用老人手机，看电视听不懂普通话，"不敢出门，到 M 镇上办事需要别人带着，不然找不到路"。

（五）声誉

声誉是对客体过去行为的一种综合评价和印象，但它直接影响到对客体的未来预判。出于对婚姻的审慎，通过声誉来判断对方的未来是婚姻市场主体最基本的理性。在由熟人或熟人的熟人组成的本地婚姻圈中，探清对方的声誉具有极大的可操作性。在男方过剩的婚姻市场，男方声誉有欠将严重影响到婚姻机会。那些有着好吃懒做、小偷小摸、打架斗殴、刑事犯罪、品行不端、嗜赌等记录或口碑的男性，极有可能进入女方"拉黑"的名单。在调查中，村中人在谈及本地青年成婚不易的其他原因时，大多是一种焦急、同情的语气，而在谈及少数人声誉不佳导致难以成婚时，却又是"因果报应"般的责备语气。

> 韩玉山(29岁)十几岁就开始赌博,有多少钱赌多少,天天泡在麻将馆,赌红了眼连父母都不认,他妈去劝说,还把他妈打了一拳……李子清(32岁)也是十几岁就跟着黑社会混,抢钱,打架,还调戏江源村的一个中学生,都闹到派出所去了,还拘留了几天。易才进(43岁)在广东打工时偷东西,判了两年刑。这些人把村里搞得不安宁,村里人既恨他们,又怕他们,生怕惹到他们了。这些事情村里人都晓得,也有女方来打听过底细,一了解后就没有人愿意结亲了。哪个女娃儿往火坑里跳呢?名声不好的人,除非到外面找媳妇儿,在跟前(附近)是找不到的。(香木村村支书林道真)

> 他(黄长轩,34岁)找不到媳妇儿,主要是懒。跟人到外面去打工,在工厂里做事,嫌累,干了两个月就回来了;跟着人学装潢,嫌苦,学了一段时间就算了。这也累,那也累,天天就守在家里,在家里哪里来的钱呢?所以这么多年,一直没修新房,怎么找得到媳妇儿呢?(白羊村村支书李国明)

> 小辉(向召辉,39岁)会花钱,有一块钱要用两块钱,这些年在外面打工,也找了些钱,但就是没看到钱,房子也没钱修,还是破破烂烂的,一天到晚和狐朋狗友在一起,吃吃喝喝,找不到媳妇儿的。(石坝村村民黄守义)

好的声誉是一种无形资本,能带来一些附加优势;恶的声誉则会减损婚姻市场估值,减少成婚机会,而成婚无望又会助长一些恶习,形成恶性循环。

(六)年龄

年龄越大,成婚可能性越小。在28—35岁年龄组,51%认为有希望找到结婚对象;在 36—45 岁年龄组,34%认为有希望找到结婚对象;而到了46 岁以上,仅有 7%还对结婚抱有一丝希望。有些失婚男在适婚年龄时,家庭条件不好,错过了好多机会;出去打工赚钱修建起楼房后,又错过了适婚年龄,更是找不到媳妇。

　　在我们这里,过了二十七八岁还没找媳妇儿,就越来越难找了。(香木村村支书林道真)

　　我十八岁就出去打工了,在工厂里做事,没有女的,准备赚几年钱了回家找,等回家时才发现女娃儿都出去了,找不到了。(红树村段自兴,40 岁)

　　以前在外面搞建筑,工地上没有女的,搞了七八年,也没遇到几个女娃儿,根本没有机会,把年龄拖大了。跟前(附近)的女娃儿不到 20 岁就结婚了,还都跑到很远的地方了。(江源村范东来,39 岁)

婚姻是一种机会,无论是适婚阶段的条件有欠,还是条件具备的大龄特征,都拉低了婚姻综合估值。婚姻市场"男多女少"的新情况,更是让他们措手不及,踏入"一步落后,步步落后"的尴尬中,追赶不及,从而丧失婚姻机会。

(七)　择偶标准

如前所述,任何时代的婚姻市场都有一个隐形的、约定俗成的价值评估体系,一个理性的婚姻市场主体会根据自己的市场估值来选择估值相当的配偶。除了以上一些个人因素会导致失婚,择偶标准不当也是少数人失婚的原因。

年轻的时候有机会,当时没认清形势。在东莞电子厂时,那么多女娃儿,想找也找得到。但是眼光短浅,总想到找本地的女娃儿,不找外地的。外地的媳妇儿回一趟娘家,就要花几千元钱,划不来,又怕外地的媳妇儿在我们这里不习惯,所以就错过机会了。(红树村肖运超,40岁)

2003年,我们坐车去浙江打工,同车的有一个女娃儿,她晕车,我就照顾她,她对我有好感,我也喜欢她,我们都有那个意思。但她家就两个姑娘,她姐已出嫁了,她要招上门女婿。那时候我也才20岁多一点儿,有点儿挑三拣四的,不想上门,就没有往下发展了。现在想想后悔死了!(香木村邹永林,36岁)

二十几岁的时候我的要求还有点高,要长得好看的,要会事(指懂事、通情达理)的,还要勤快的,挑来挑去也没挑到合适的。年纪越来越大,我的要求越来越低,但没有女娃儿挑了。(江源村代伟,37岁)

我的嫂子好火色(指厉害、霸道),把我哥管得像龟孙子一样,还经常撅(指骂)我妈、老汉儿(指父亲)。我看到我哥造孽,也不想让妈、老汉儿受罪,发誓要找一个会事的,对我全家好的。但是,别人介绍的女娃儿都好吃懒做,听说脾气也不好,我就没同意。就这样,有两个女娃儿都错过了。(石坝村段柯来,35岁)

在婚姻市场上,人们期望找到更理想的伴侣,但自己的实际市场价值决定他们只能等价交换,①在婚姻市场中,如若市场主体对供需行情、自己的市场估值、对方的市场估值判断有误,则会导致婚姻"交易"失败。

总体而言,在婚姻市场失衡的状态下,短缺一方拥有较大的择偶机会,过剩一方的择偶机会较小。由于可婚女性的匮乏,男性间为争夺有限的女

---

① [美]古德:《家庭》,魏章玲译,社会科学文献出版社1986年版,第87页。

性,必然形成残酷的竞争。这种婚姻估值的竞争实质上是一种综合资源占有的竞争,其中个人条件在竞争排序中处于劣势的人,将不受婚姻市场欢迎,从而成为婚姻市场的出局者。

四、贫瘠的家庭资源

婚姻从来都不仅是当事人的事情,而是两个家庭的协商与合作,是一种社会制度安排。除了性需求的满足、传宗接代和家族延续等功能之外,它还具有维系社会地位和实现社会流动的意义。因此,家庭条件能否为未来婚姻增值,是理性的求偶者必须要考虑的要素之一。

在中国几千年的亲子关系传统中,结婚是男性成年、独立门户的起点。在有几个儿子的家庭,儿子结婚后往往会分家析户;而在只有一个儿子的家庭,儿子结婚后仍与父母同住。即便是在 21 世纪的中国农村,对于 18—27 岁即处于最佳适婚年龄的农村男性而言,既无法支撑起社会的声望,也无力承担高企的婚姻支付。婚前的男性与父母是一个共同体,而不是一个独立的经济、社会体。即便在婚后,新生家庭在经济、幼儿抚育、家务方面仍高度依赖原生家庭。因此,家庭条件成为女方高度关注的事项。"由于男方家庭所占有的资源是男青年在婚姻市场竞争力的主要来源,且婚姻是两个家庭之间的协商,因此,婚姻市场的分层单位不是当事人,而是其所在的家庭。"①家庭条件主要通过家庭结构和经济状况两方面来衡量。

(一) 家庭结构

原生家庭的成员是影响家庭估值的重要自变量。父母是儿子婚姻谋划

---

① 栗志强:《性别比失衡背景下的农村男方婚姻支付——对豫北 H 镇的调查》,中国社会出版社 2013 年版,第 65 页。

的主要推动者、婚姻支付的主要承担者和未来生活的主要帮扶者。父母双全、年轻、健康，将为儿子婚姻市场评分增值。

> 父母年轻，可以找钱（指赚钱），现在找钱的机会很多。一个男劳动力随便做一天都是两三百元钱，一个妇女在村里摘烟叶一天也可以弄一百元。我们这里五六十岁的人，有的七十多岁的人，只要身体来得及，都会出去找钱。父母找的钱，还不是儿子媳妇的……还可以帮着带孩子，这个事情比找钱还重要呢。年轻人生娃了就出去打工了，都是爷爷奶奶在屋里带。所以你看，如果父母年纪大了，或者身体不好，对今后的生活影响大着呢。（丹鹤村村民冯家媛）

而父母一方缺失（特别是母亲缺失），年龄、身体或性格某一方面状况不佳，将降低儿子的市场估值。巷口村杨文章，29岁，相貌清秀，身材高大。6岁丧母，父亲一人拉扯他和妹妹长大，妹妹5年前已出嫁。他和父亲这些年在外务工攒了些钱，盖起了两层楼房。3年前，经人介绍，曾有几个女孩来他家看过后就没有下文了。据他回忆，曾经来看过的一个女孩对媒人讲："他个人条件还是可以，但是没有妈，将来我就得做饭洗衣，总不能让公公侍候着吧。要是今后有了孩子，也没人帮忙带。要是他不在家，我和公公两个人在家，日子怎么过呀？"近几年来，愿意上门看看的女孩都没有了。一位为儿子婚事发愁的母亲自责道：

> 他爸爸多年的病壳壳儿（指长期有病），前些年为他看病，家里钱都耗光了。儿子长大了出去打工，人也不错，会找钱，又顾家，这几年把屋也修起了，但还是找不到。现在的姑娘，哪个愿意进一个病人家里呀？是父母把他耽误了。要不是他爸的连累，他怎么找不到媳妇哟！（白虎庄村杜习芳）

　　江源村2组村民王令扬32岁,母亲有精神疾病,房子也破败不堪。外出打工时与一个湖北十堰的女孩相识,两人感情非常好。春节前将女孩带回家,女孩见王令扬的母亲成天神经兮兮,唠叨不止,父亲天天抽烟,打电话如实把情况告诉了自己的母亲,母亲第二天就赶过来,强行把女孩带走了。

　　父母为人处世的口碑或声誉也影响着儿子的婚姻估值。白虎庄村向东胜(37岁)的母亲在村中霸道蛮横,与村中许多人发生过纠纷,是远近闻名的悍妇。儿子长相不错,性格开朗,熟于泥工。从儿子19岁时,父母就开始为他张罗媳妇,但女方在村中打听到他母亲的狼藉声名,就给媒人退信了,"这样厉害的婆婆,哪个愿意来做媳妇?肯定要吃亏。"香树村何昌磊30岁,仍然没有结婚。"都晓得他妈厉害,我都不给介绍,怕到时候被女方骂。做媒不是随便可以做的。"香树村村民周晓进说。

　　团结村失婚男叶志良,39岁,虽然只上过1年小学,但头脑很灵活,"打牌斗地主,没有哪个打得赢他",中等相貌。2岁时父母离婚,母亲改嫁他乡;父亲在当地是有名的"二流子",小偷小摸,拐卖妇女,不务正业,"特别令人讨厌"。在叶志良3岁时,父亲进了监狱服刑。由于父亲在当地口碑太差,没有人愿意给叶志良做媒。

　　沿河村郝勇勇,33岁,中等外貌,有成熟的货车驾驶经验,年收入6万元左右,家中经济状况也还不错。其父亲1990年曾因偷盗被判刑3年,刑满释放后游手好闲的本性仍未改变,在村中声望较低。尽管儿子诚实守法,但每次媒人介绍的女孩通过熟人来村里打听家庭底细后,都望而却步。

　　除了父母,家庭兄弟姐妹的数量和发展状况也是女方重点考查的事项。有几个儿子的家庭意味着更少的婚姻支付和家庭财产,成为女孩们避之不及的对象。

现在儿子多的家庭更不好找媳妇。一般的家庭不可能每个儿子修一套房子,女娃儿就要想呀,这个家庭的财产今后还要分,到每个儿子手上的就不多了。再说了,儿子多的家庭,父母的精力也有限,今后不可能帮忙带孩子、做事情。(香木村村支书林道真)

(黄庭华,41岁)家庭条件一般般,兄弟3个,每个儿子结婚都要修房,得一个轮一个来。给老大修了房,结婚后就分家了。全家又辛辛苦苦攒几年钱,准备给老二修,等房子修好了,老二的年纪大了,找不到媳妇儿了。老二没找到媳妇儿,老三就不好找。(白羊村村支书李国明)

大坪村向春晖(33岁)在务工地曾谈过两个女朋友。随着双方信息交换的深入,女孩得知他还有个失婚的兄长时,就不愿意跟他继续交往了。双林村林道玉的女儿被人介绍给林口村黄绍武(25岁),林极力反对,"他家老大35岁了,还没找到媳妇儿,说不定一辈子也找不到,今后都是你们的负担,两个老的也得你们养,何苦呢?"巷口村何向(35岁)中等个子,外貌不错,有铺木地板的手艺,年收入近7万元,父母为他修建了楼房。他有一个35岁的聋哑人哥哥。虽然父母到处宣传今后哥哥不会连累他,但哥哥的残疾还是让他的择偶之路蒙上了一层阴影,29岁的他虽历经5次相亲,但每次女孩发现这一状况后就退却了,"你想想,老大是个光棍,在他家里进进出出的,不方便",巷口村19岁女孩郑晓愉说。兄长婚配困难传递给弟弟的现象较为普遍,M镇出现了不少"家庭光棍",用村民的话说"一家一家的找不到媳妇"。这与鄂东村庄多子家庭光棍"成窝"现象的婚姻连带效应情形相似。① 这种效应与当前农村婚姻支付成本高企和农村传统的分家制度直接相关。由于彩礼、修房成本高昂,多子家庭平摊到每人头上的份额会相

---

① 余练:《婚姻连带:理解农村光棍现象的一个新视角——对鄂中和鄂东三村光棍成窝现象的解释》,《人口与经济》2017年第1期,第13—21页。

应减少。同时,在多子家庭,儿子成婚后会从原生家庭分出单过,兄弟结婚就逐次分出一个小家庭单元即系列分家方式(古代称为"析产")。每一次分家都是原生家庭和子家庭在财产、权利和义务关系上的一次重新厘定。一方面,原生家庭财富分割份数越多,意味着每人所得的财富铺垫越薄;另一方面,有未婚兄长的家庭,还意味着原生家庭要持续为兄长的婚事进行财富积累,其中包括弟弟们的劳动所得。从家庭任务的重要性排序上,兄长的婚事会比弟弟的排在更重要的位置,媒人也不愿意先为弟弟介绍婚事。此外,从家庭责任而言,兄长不婚,转嫁了父母赡养的责任以及兄长年老后的养老责任。出于对婚姻收益的理性权衡,未婚兄弟成为婚姻估值的减分项。有几个儿子的家庭,受婚姻挤压程度更深。特别是兄长婚配难,将直接影响到弟弟的婚事。

兄弟姐妹的状况也是影响男性婚姻估值的因素。旺兴村伍佳雷(24岁)的哥哥大学毕业后在某大型国企做工程师,收入颇丰。去年他家修建楼房时,哥哥一下子拿出二十万接济。这个哥哥的存在不仅没有影响他的婚姻,反而为他的婚姻增值。姑妈给他介绍了一个幼师毕业的女孩,有文化有长相,他非常满意。"他这样的情况女娃儿愿意来,他哥哥不会来分家里的财产,还会帮他",村妇代会主任向小静评价说。王林森育有一儿两女,两个女孩都上了大学,在城里有正式的工作。儿子 21 岁,在城里做厨师,年收入 6 万元。早些年为了供两个女儿上大学,家中并不宽裕,去年才在原址为儿子新修了楼房。这样的家庭人口结构为他的婚姻估值赢得了加分,他请媒人介绍了邻村条件很好的一个女孩,"虽然现在家庭条件并不是很好,但今后两个姐妹都会帮他们",女孩的妈妈解释道。两人已交往半年,现正在谈婚论嫁。

(二)经济状况

大量研究表明,男女在择偶中存在着性别差异,女性关注男性的经济地位和经济前景,男性则更关注对方的年龄、外貌等资源。① 恩格斯曾精辟指出,"妨碍少女毫无顾虑地委身于所爱的男子的最重要的社会因素——既是道德的也是经济的因素"。② 在传统社会,总体上讲,男性的婚姻机会与家庭经济水平呈正相关关系。王跃生对清代中期的婚姻财礼进行考察发现,"我们在档案中经常见到 30 岁左右的佣工、佃农以及小商贩、手工业者仍是孑然一身。这显然不是有意识的晚婚行为,而是经济条件的限制使他们得不到婚配机会。当然其中一些人也在设法寻求时机,然而由于缺乏经济背景,他们常常是婚姻市场的失败者。……清代中期出身贫穷者在婚姻市场所处地位是很不利的。……婚姻论财使男性娶妻的困难大大增加。社会中下层出身者往往因此难以适时婚配,不少人被挤出婚姻市场"。③ 经济因素导致的男性晚婚甚至终身不婚者不在少数,"在婚嫁论财的风气下,许多男性往往由于家贫无法娶妻,长期过着单身生活,乃至终身未娶"。④ 研究者甚至认为,男性能否适时婚配在很大程度上取决于家庭经济状况,个人品行、生活能力、相貌甚至都在其次。⑤

时至今日,经济因素仍然是婚姻估值的决定性因素。因婚姻而结成的家庭是社会最小的生产和经济单元,生活、消费、抚育和社会交往基本上是以家庭为单位而进行,而这些社会功能的实现都是以经济资源为基础的,经

① Greitemeyer,T.,What Do Men and Women Want in a Partner? Are Educated Partners Always More Desirable? *Journal of Experimental Social Psychology*, 2007, 43（2）: 180 - 194. Shackelford,Todd K.,David P.Schmit,and David M.buss.*Universal Dimensions of Human Mate Preferences*,*Personality and Individual Differences*,2005,39（2）:pp.447-458.

② 恩格斯:《家庭、私有制和国家的起源》,载《马克思恩格斯选集》第 4 卷,人民出版社 2012 年版,第 87 页。

③ 王跃生:《18 世纪中国婚姻论财中的买卖性质及其对婚姻的作用》,《中国经济史研究》2001 年第 1 期,第 62—81 页。

④ 郭松义:《清代 403 宗民刑案例中的私通行为考察》,《历史研究》2003 年第 3 期,第 51—67 页。

⑤ 王跃生:《十八世纪后期中国男性晚婚及不婚群体的考察》,《中国社会经济史研究》2001 年第 1 期,第 16—29 页。

济是婚姻收益的主要组成部分。在"从夫居"为主流的婚居方式、"男主外、女主内"为主的家庭分工模式的共同作用下,要实现婚姻收益的最大化,男方的经济状况自然成为女方权衡婚姻收益的优先关注事项。在男性过剩的婚姻市场,在有限的婚配资源的激烈角逐中,男性的经济地位和经济前景是竞争的主要交易筹码。如前所述,婚前的男性与父母是一个经济共同体,家庭的经济状况也是男性的经济状况。

市场经济体制建立以来,M 镇村民的从业结构发生了深刻变化:少数人在多年摸爬滚打的闯荡中,悟清了一些行业的门道,当起了小包工头,甚至购买了挖掘机等建筑工具,年入几十万,不仅修建了新房,买了汽车,还大有积蓄;大多数人靠泥工、木工、漆工等手艺务工,年入 3 万—8 万;当地土地被集中租赁进行规模化种植烟叶、水果、蔬菜等,村中一些闲散人员农时到地里干活,每人每天可收入 80 — 100 元。可见,虽然村民的收入总体上升,但差距较大。一般来说,经济条件好的家庭,在婚姻市场具有高估值;反之,则成为婚姻挤压的承受者。

> 现在找媳妇,一栋装修好的新楼房是基本条件,甚至有些提出要在县城里买房子,没有房子免谈。……现在的女娃儿都很现实,要找经济条件好的,房子修好,车子买好,一来就享受。哪个女娃儿愿意辛辛苦苦自己挣钱来修房哟?(白羊村村支书李国明)
>
> 别人介绍的几个女娃儿来看了,都是嫌家里条件差。我们只有这个能力,没有赚钱的本事,修不起屋;有钱了就有媳妇了。我找不到钱,现在找个媳妇最少二三十万,我到哪里弄这么多钱,又不能偷不能抢。(石坝村范金彬,34 岁)

通过女性的择偶标准可见,男性婚姻竞争的实质是经济实力的竞争,婚姻逐渐成为整合"利益+情感"的实践选择。失婚男家庭经济收入远低于本村的平均水平,是一群居住于贫困村庄中远低于国家贫困标准的深度贫困人口,物质资本几乎已低至极限。[1] 贫穷与失婚形影相随。无论是失婚男自己,还是家庭成员、村民,都认为失婚的最大原因就是贫穷。所谓的婚姻自由是占有优质婚姻资源之上的自由,对于在婚姻资源上处于劣势的男性而言,一点儿也不自由。

此外,在失婚男的婚姻预期上,周遭的村民则分为两派:一派是婚姻缘分论,认为姻缘是一种说不清、道不明的缘分。另一派是结婚消极论,特别是村中见过世面的人物,常以外面的大形势来推测村中婚姻市场,"外面条件好,女娃儿都跑出去了,愿意放到本地的女娃儿少,年轻娃儿都难得找,三四十岁的人了,本来条件都不好,在哪里去找呀? 我看越来越难。"

在一个男方过剩的婚姻市场,男性之间的竞争是以经济地位为核心的综合实力的竞争,一个人所拥有的资源总和决定了其在婚姻市场上的估值。地理环境、个人情况和家庭条件共同构成 M 镇农村男性的婚姻市场估值,任何一项屡弱都可能导致综合实力排名落后而被淘汰出局。

具有较高婚姻估值的男性攫取了有限的女性婚姻资源,而估值低的男性找不到结婚对象。当前农村男性的婚姻挤压,是婚姻市场上女性可婚资源的绝对短缺所导致的男性过剩,本质上是综合估值低的男性即底层男性的婚姻过剩,婚姻竞争残酷的"优胜劣汰"规则,导致在社会经济底层形成一个"剩男"阶层。

相对于发达地区农村,相对于城市,贫困地区农村的男性不仅在先天资源禀赋方面处于劣势,而且在后天资源获致方面处于不利地位,在"男多女少"的婚姻市场,在人口流动的背景下,他们在与发达地区、城市的同龄男性的婚姻竞争中节节败退,在弱势积累效应下增加新的婚姻贫困。婚姻贫

---

① 韦艳、张力:《农村大龄未婚男性的婚姻困境:基于性别不平等视角的认识》,《人口研究》2011 年第 5 期,第 58—70 页。

困本是经济贫困的衍生物，然而，它又加剧了贫困地区男性的窘况，实现了社会阶层的再建构和固化，形成了经济与婚姻的恶性循环。可见，贫困地区农村男性的婚姻挤压是诸多因素共同推动的结果，既有人口因素，也有经济、社会和文化因素；既有国家现代化话语干预的宏观原因，也有特定环境下个体资源阙如的微观原因。这些因素经过女方择偶标准体系的测算，最终形成了个体在婚姻市场的估值，决定着婚姻有望还是无着。

第三章　失婚男的择偶经历

社会学的最高境界是"出故事","出故事""不是说让我们去编些故事来,而是要我们去研究人与文化的始终,有头有尾地去说明问题,倘若把研究对象弄得支离破碎,就可能误入歧途"。[①] 前一章围绕贫困地区农村男性婚姻困难的原因进行了多维阐释,本章将选择8位典型的失婚男,通过挖掘讲述他们择偶的经历和故事,直观呈现这些因素在个体身上的组合方式及运行过程,帮助我们去走进一个个具体的人,从具体的人的立场去理解他们的困境与诉求。为了尊重被访者的真实思想,在行文中尽可能还原对话场景,直接运用口述语言。

个案1.肖俊佑,30岁,双沟村9组人。9组地理位置偏僻,通组的公路是一条毛马路,路面坑坑洼洼,被村民形象地称为"碗口石路"。村里没有通自来水,居民生活用水靠天落下的雨水。因本组条件差,外组的女孩不愿嫁进来,而本组成员是一个家族,不能内婚,因此本组男性一直存在成婚困难问题。父亲牟方高57岁,1986年到本村14组(条件比较好)入赘。前些年为岳父母送终后,带着全家回到本家,赡养尚健在的80岁老母亲。母亲肖翠英56岁,没有文化,但能说会道。

① 李银河:《生育与村落文化——爷之孙》,文化艺术出版社2003年版,第7页。

夫妻俩勤劳实在,起早贪黑种烤烟,一年可收入 1 万多元钱。肖俊佑还有一个弟弟肖俊涛,28 岁。兄弟俩身形高大,面容周正。肖俊佑上了一年初中就辍学了。谈及辍学原因,"学校离家太远了,每天上学要爬坡,饿得蔫蔫的(指没精神),爬不下来,放学回到家时,天都黑了"。因为条件艰苦,没能坚持读完初中三年学业。

2003 年,16 岁的肖俊佑跟随亲戚到东莞一家电子厂打工,其后辗转多地务工。十七八岁的时候,有媒人介绍他去外村入赘,他不愿意。其后家人托媒人介绍过几个女孩,但熟悉这个地方的女方都拒绝了。24 岁那年,有一个女孩来看后,表示对肖俊佑本人满意,但要求不在本地安家,而是在镇上买一套房。可在镇上买房需要十几万,对于这个家庭无异于天文数字,所以婚事告吹。

2014 年,肖俊佑在广东一家工厂做打磨抛光工,遇到了同厂一个来自湖南衡阳比他小 3 岁的女孩。一来二往,俩人互生好感,很快坠入爱河并同居。在此期间,女孩带肖俊佑回家见过父母,父母表示满意。但直到女孩怀孕了,肖俊佑才将女孩带回家举行婚礼。女孩对肖俊佑家的条件十分不满,但囿于有孕在身,勉强去领了结婚证。在整个孕期,女孩多次提出离婚,一家人好说歹说,万般迁就,她才留下来了。孩子出生后,女孩不给孩子喂奶,"一口奶也没有喂过,说喂奶后会下垂,不好看",肖俊佑的母亲解释说。肖俊佑的母亲小心翼翼地侍候着女孩"坐月子"。"坐月子"期间,女孩的父母和弟弟来看过她,"说到底,她对这个地方不满意,没安心在这里过,思想上跑了。不管我们对她多么好,她也不想在这个家"。孩子出生 40 天的时候,女孩就外出打工了。过春节时,她回到家,执意要求办理离婚手续。肖俊佑的婚姻总共只持续了 1 年时间,且在持续期间总是伴随着女方要求离婚的阴影。如今孩子已经 3 岁,由爷爷奶奶照顾,肖俊佑每月寄回 500 元钱作为生活费。

肖俊佑的弟弟肖俊涛在厦门一家鞋厂打工，每月三四千元，也没找到媳妇。"我们在家也请人介绍过，但说不起，都要求在镇上买房，要20多万，还要买车，我们到哪里去弄那么多钱？"肖俊涛说道。

谈及婚事，两兄弟表示，愿意出去上门，或者找个有点残疾的也可以，带两个孩子的也不介意，因为按照政策还可以再生一个，"好孬（音，方言，指差）只要找得到"。肖俊佑甚至说"我不找了，把细娃（孩子）读书维持一下就行了。"

个案2.谭在文，双林村人，49岁。22岁时父亲去世，有一个弟弟、三个妹妹。上过3年小学，"认识几个字，自己的名字勉强能斗（方言，指拼凑）得拢"。1992年，二妹被外村的人拐卖到浙江温岭，在那里安定下来后将母亲接去同住，并且把另外两个妹妹也带到温岭成了家。自15年前母亲被妹妹接走后，与母亲没有联系，甚至不知其是否还健在。弟弟也一直未婚。

在适婚年龄，父亲的突然去世，使这个贫寒之家雪上加霜，"当时饭都没有吃的，找个媳妇儿来一起挨饿哟"。虽请媒人介绍过几个女孩，但由于家庭条件差，都没有成功。2004年，在熟人的带领下，他到浙江打工，"下苦力"，刚开始每月只有几百元钱。打工期间，有过一段感情，女方是重庆的，比他小4岁，一起生活过几个月，但没有到谈婚论嫁的阶段就结束了。在外打工十几年，并没有积蓄。直到2015年回到家后，种植烤烟，每年有1万多元的收入。

2015年，经人介绍，与M镇上丧偶的中年妇女韩来菊相识，女方比他小5岁，干净利落能干，两人在一起生活近两年时间。被问及韩来菊是否真心对他，他回答说"真不真心，哪个晓得呢？"据村支书介绍，去年夏天时，有一天早上，韩来菊起床时发现床上盘着一条3斤多重的菜花蛇，把她吓得半死，从此再也不愿来谭在文家。平时韩来菊住在镇上，每到卖掉烤烟快收钱时，就带着孙子来到谭在文家小住几天，把钱拿走后就不管谭在文了。谭在文经常到镇上去找她。

个案 3. 牟琼斌，沿江村人，45 岁，上过 3 年小学，有 3 个妹妹，均已成家。正值适婚年龄时，父亲瘫痪在床，每天需要他背进背出侍候。此间请媒人介绍了十几个女孩，但是来家里考察后，都表示不满意，因此婚事一直没有着落。

28 岁时，别人介绍一位带两个孩子的丧偶女性，大孩子 6 岁，小孩子 4 岁，"怕抚养不起两个细娃儿（指孩子），耽误细娃前途，承担不起，黑良心，有罪"，所以牟琼斌拒绝了。

2012 年到浙江打工，经人介绍，结识了湖南的一个妇女，第一次见面请对方吃了一餐饭，花了 80 多元钱（相当于一天的工资），牟琼斌"很心疼"。第二次见面时，那个女人说她的弟弟坐牢要回家了，没钱安排生活，"要我给 8000 元钱，我一听就是来刮我的钱的，马上叫她走"。近两年偶尔有人给他介绍媳妇儿，但都是外地的，"肯定是骗子，来刮钱的，我都没有答应见面。"

他表示今后不想找媳妇儿了，因为"现在的女人都是贪玩好耍的人，没人愿意来一起做事。村里有人找个媳妇儿，来后把十几万、二十万都耗光了，就跑了，都是来刮钱的。"不过，他又表示，如果有人真心对他好，他还是很想结婚，"现在政府给我们把房子也修好了，接下来是不是给我们找个媳妇儿？"他眼巴巴地盯着我们问道。

个案 4. 肖奎，巷口村人，39 岁，上过 5 年小学。有一兄 45 岁，智障。肖奎 1 岁时，因母亲患有严重的精神病，"癫癫狂狂的"，父母离异，父亲带着兄弟俩艰难度日。6 岁时，父亲与邻村一丧偶女性再婚。17 岁时，命运多舛的肖奎就辗转到广东、福建、山东务工，主要在建筑工地上搭架子。

18 岁时，肖奎请媒人介绍一个本村的女孩，"看了人家，①花了四五百元钱"。其后，两人外出打工，女孩在增城，肖奎在惠州。那时电话还不普及，交流不方便。女孩要肖奎去看她，但是肖奎没去。一是没时间，"那时在厂里上班，经常加班，哪里有时间？"二是去一趟需要花费几百元，工资低，消耗不起。由于没有去看望，女孩生气了，"生气了我又没有去哄，那时候年轻，也不想将就她，生气就不管她了。"那年春节女孩回家宣布要与惠州的一个男孩结婚了，并主动到肖奎家算了退赔。

其后，肖奎不断请媒人介绍媳妇，其中堂嫂带着他去江源、溪流村看了七八个，但"不是我看不起对方，就是对方看不起我"。最近谈了一个女朋友小姚。小姚是高塘村人，一婚丈夫去世，带 1 子；二婚生下 1 个女儿，但丈夫打牌赌博上瘾，"365 天打牌，家产输光了"，目前正在打离婚官司。也就是说，小姚当前还不是单身。肖奎与小姚商量，正式离婚后，二婚的女儿留给男方，只会带一婚的 18 岁儿子到肖奎家。两人交往已一年多，肖奎表示，会视孩子同己出。有时肖奎给小姚一点钱，"应付一下"，拿结婚证后会给更多的钱。但他表示不会把钱全给她，以防被骗。小姚天天打电话给肖奎，性格温顺体贴。但鉴于她还未离婚，"也不知道靠不靠得住"。

个案 5. 牟家兴，橡树村人，43 岁。上有 3 个姐姐，下有 2 个妹妹，均已成家。母亲 20 多年前就患有严重的风湿病。1992 年进入某学院

---

① "看人家"是当地婚姻仪式的一个重要环节。当男女双方在媒人的沟通下相互满意，便商议一个良辰吉日，由女方母亲或兄嫂带着女孩前来男方，男方邀请亲朋好友前来祝贺，称为"看人家"。在女方离开时，男方要给予一定的礼物。随着土家族地区现代化的推进，男方家"看人家"的礼物换成现金，俗称"干折"。"干折"是彩礼的一部分。"看人家"是当地传统婚俗中的初步订婚。其后的"过门"则是正式订婚。

化学系学习。在大学二年级时,谈过1个女友,两人感情非常真挚纯朴。可1995年毕业时,正处在大学包分配与自谋职业的转轨阶段,女孩分到J县(当时两地相距甚远,但如今交通非常方便)。由于空间距离的客观限制,毕业后只联系过一两次便无音讯,第一次爱情便这样无疾而终。

毕业后,牟家兴被分配到国企某盐厂,在盐厂工作了8个月,后又调到C市医药化工厂,在那里工作了四年。两个单位效益都非常差。"刚毕业那时,只要去追女孩,都追得到,但当时不想谈恋爱"。2001年,医药化工厂改制,牟家兴只获得3000元买断工龄的钱。离开单位之后,牟家兴先后到上海、浙江等地打工,从事管理、办公软件开发、修理电脑、电工等工作,刚开始每月只有1000多元,后来每月工资达到5000—6000元。那时候由于工作不固定,无法安下心来,也不想找媳妇儿。

在浙江温岭打工时,与一个四川的女孩相知相恋。女孩人长得漂亮,人品也好,牟家兴很喜欢。两人谈得正炽热时,单位将他调往无锡分公司,这段感情也就不了了之。回想起当时的抉择,牟家兴非常后悔,"我当时真不应该去无锡,我就在温州重新找个工作不就行了吗?我当时是很好找工作的。"

2010年,由于父亲多病,母亲瘫痪在床,作为家中独子的牟家兴只好回家照顾患病的父母。当时,他的积蓄足以在C市买一套房。当他将买房的打算告诉父母时,父母明确表示反对,"你在城里去住了,我们怎么办呢?"为了父母养老考虑,买房计划只好作罢。在村中的7年间,他与父母住在两间破旧的老房子里,"这么多年一直没有修房,是因为我不想一辈子待在家里。"牟家兴一边侍候父母,一边承包60亩土地种烤烟、蔬菜。无奈这几年市场行情不好,不赚反亏,把老本也搭进去了。

经人介绍,2017年,牟家兴交了一个女友覃丽。覃丽自称33岁,离异,刚开始时告诉牟家兴说她生育一个四岁的女孩,后来两人见面时发现女孩很大了,覃丽解释说是牟家兴把"十四"听成了"四"。虽然交往了一年多时间,但牟家兴对她并不满意,"我觉得她人品差"。认识几个月时,覃丽就向他借钱,他借了两万八千元给她,"每次一见面,就向我要钱。我说家里有师傅修房,没有人做饭。她说她来做,但要给钱"。此外,牟家兴的父母生病住院期间,覃丽一次也没去看过,"不是说要她待候,至少去看一次就行了"。覃丽主动提出要住到牟家兴家,被牟家兴拒绝,"你住这里干什么?"他反复强调,要找价值观一致的女人。他咨询笔者,借给覃丽的两万八千元钱能不能通过法律途径追讨回来。

个案6.廖文昌,旺兴村人,38岁,有1个哥哥、2个妹妹。小学四年级时交不起学费钱,"上课时老师叫没交学费的站起来,我站了几分钟,就跑了,太难堪了"。1996年,跟随熟人外出打工,刚开始在工地上打小工,8元1天,加班1元1小时。后来进工厂,每月收入有两三千元。他刚花20多万元修好三层楼房,并进行了简单装修。在务工技术上,他表示"样样都会,但样样都不精"。

在适婚年龄,家里请人介绍了很多女孩,先后有"一桌把人"(方言,当地吃饭用的是方桌,各方坐两人,共8人)。其中有1个女孩介绍成功了,但是"看人家"时,对方要求给8000元钱的"打发",家里拿不出来,只好作罢。

外出打工时,自己交往过五六个女孩,交往最长的是一年多时间,并且同居了,但后来发现两人性格不合,就分手了。还交往过一个湖南的女孩,恋爱同居后,带女孩回老家,女孩看到家里条件太差,要求分手。这些年来,廖文昌共和4位女孩同居过。近几年来,别人介绍的几个女方都有牵绊,其中一个是与前夫藕断丝连,另一个女方带两个孩子,都没成功。

说起女方的择偶标准,他愤然地说:"现在的女的要票子,'看人家'要4万,'过门'要8万,要修房子,这是最基本的条件。要车子,有的还要在城里买房子,哪怕拖儿带女都要房子……杀人放火的,坐牢的,二流子,女的喜欢;踏实做事的,反而不喜欢。"

谈到自己的择偶标准,他直言:"智力正常,懂道理就行了……如果发生矛盾,不要骂我父母就行了。结过婚的,很正常,带一个孩子可以,但两个孩子负担太重了,再生一个,一串串,养不起;如果孩子太大了,也不行,招架不住……现在在哪里去找闺婚(未婚)?"至于年龄,"大一点儿没关系,但'机器零件'要能用"(指要能过正常的性生活及生育孩子)。

个案7.周小桥,石坝村人,47岁。父母去世,独自一人生活,上过3年学,认得少量字,勉强会写自己的姓名。有一个哥哥、两个妹妹,其中哥哥是母亲改嫁带来的。一个妹妹从小身体虚弱,所以招婿在家便于照顾。妹妹妹夫外出务工,为了解除他们的后顾之忧,周小桥承担起了照顾妹妹的3个孩子的任务。当时周小桥27岁,而最大的侄女刚4岁,3个孩子都是周小桥一手带大,直到大侄女13岁。此间,他还耕种家里的十几亩地。周小桥属于易地扶贫搬迁对象,政府正在给他修建40平方米的住房。

22岁时,媒人介绍了一个女孩,但对方家里没有儿子,要求周小桥当上门女婿。母亲认为哥哥是带来的,"周家这一支人就我一个儿子,不能上门。再加上对方的地方没有我的地方好。那时候,上门女婿被人瞧不起。"此事告吹。

24岁时,周小桥请媒人介绍了一个媳妇儿,交往了一年多时间。

有时,女孩过来玩,相互都比较满意。后来她的姐姐想把她介绍到椿木槽(另一个乡镇)的一户人家,她自己也觉得那边条件好些,就主动算了退赔,退了700多元给周小桥。

26岁时,媒人介绍了一个邻村女孩,又矮又丑,见了几次面,媒人要求"看人家"时,"我自己不同意,还是不太满意,想再挑一挑"。

27岁时,媒人带着周小桥去看一个女孩,"她的婶娘的儿子刚2岁多,我喜欢小孩,第一次去时就给这个小娃娃带了一筒饼子。小娃儿接住了,但婶娘不让接。"原来女方没有看上。

40岁时,周小桥来到外面打工,主要从事在建筑工地上倒板、倒柱子的工种。与十几个人同住在工地上一简易房里,"没事做的时候,大家就在那里讲女人,有的我能听懂,有的听不懂。……有人邀我去耍,我去了几次……不敢一个人去,都是别人带我去,四五十元一次"。

2015年,经人介绍,认识了一个万州的妇女,48岁,带1个12岁的儿子,"要求我去上门,让我先去她家看一下,我没去。如果到我家里去还是可以的。……我的妹妹、嫂子都要我找一个,但我自己淡而无味(方言,指无所谓、不关心)的。"

个案8.姚元泽,白虎庄村人,41岁,上过3年小学,身材高大,相貌清秀,头脑灵活。19岁丧父,母健在。有一个姐姐、一个弟弟,均已成家,与弟弟一起修了两层楼房。这些年,姚元泽在建筑工地从事水电安装,年收入6万—7万元。

姚元泽与村中女孩小美从小一起长大,一起上学,一起做游戏,一起做农活,很喜欢她,感觉小美也挺喜欢自己,但以前没有表白过。19岁时,他家请媒人到小美家说媒,小美的父母不同意。后来小美嫁到了台湾,对姚元泽打击很大。

1999年,姚元泽到深圳一家电子厂打工,在那里做了五六年。电子厂女孩多,"厂里有一万多女工,也有女孩说喜欢我,我那时候想挑更好的",就没有同意。"我喜欢过一个女孩,是黄石的,她是诶诺基公司的一名组长,她有权,下面管好多人,上面就是韩国老板,工厂工资高……我想通过她转到那个厂去。我请她吃饭,还是她掏钱。我们一起溜冰、跳舞,在她的房间还拥抱、亲吻,但没有发生性关系……这种关系持续了一年多,我始终没有和她同居,因为她长得太丑了。和她交朋友,只是为了利用她的权力,想转到那个工厂。"2005年,姚元泽回家修房,再未与女孩联系。

2006年,房屋竣工后,姚元泽又来到深圳另一家电子厂。在那里,和同一车间的贵州女孩谈恋爱了,两个人很快在外租房同居了。后来,厂里进行车间调整,两人分到了不同的车间。过了一段时间,女孩与另一男孩好上了,这段关系终止。

2012年,姚元泽回到州城打工。谈到择偶标准,"现在没有什么条件了,只要别人真心真意过日子就行。离婚带一个孩子的也可,带两个孩子的不行,养不起"。

在今天的M镇婚姻市场,成功"脱单"的男性千差万别,铩羽失婚的男性也个个不同,任何一个单一的因素都难以准确解释男性能否成婚的原因。但失婚男共有一副脸谱,即对婚姻家庭生活的热望、较低的婚姻综合估值以及幻灭后重燃希望的挣扎。在研究者看来,每一个失婚男背后都有一个或一串故事;而对于失婚男,这些故事写就了他们的人生。

第四章　一个新社会群体

婚姻家庭承载着合法性爱、人口再生产、经济发展、教育后代、生活照料和建立人际关系等多重强大的社会功能,人的幸福感除了通过政府和社会营造的公共空间帮助实现各项权利而获得,还通过婚姻、家庭营造的私人空间供给的生活帮扶、精神慰藉和爱的情感而获得,两者缺一不可。现有的研究多将失婚男视为潜在的风险群体和麻烦制造者,少有人从权利的视角关注他们生活状况的脆弱性。失婚男本质上是人口性别比失衡社会的婚姻权利受损者,是婚姻市场"弱肉强食"的牺牲品,理应得到权利被剥夺或权利缺失的补偿。为了更公正地对待失婚者,更好保障弱势群体的权益,有必要对这一群体的生活状态进行深入细致的考察。

这些游离于婚姻之外的失婚男无法享受婚姻家庭的社会功能,形成了独特的心理特征、思维方式和生活方式。

一、生理心理情感压抑

大量研究表明,"婚姻对保障人口健康有着重要作用,特别是对保障男性的心理、身体健康甚至生命至关重要"。[①] 失婚对男性的生理心理情感造

---

① 刘慧君、李树茁:《性别失衡的社会风险研究——基于社会转型背景》,社会科学文献出版社 2014 年版,第 34 页。

成重大的影响。

（一）性需求无法正常满足

按照马斯洛的需求层次论,生理的需求是最低层次也即底线的需求。其中,性需求是最基本、最原始的生理需求,"人类和动物存在着性的需要,这个事实在生物学上用'性本能'的概念来表达,这就像用觅食本能来表达饥饿一样"。① 性是人与生俱来的天赋权利,是公民在性方面依法享有的权利,是一个人在遵守性道德和不妨碍他人的情况下自主选择性伙伴和性行为方式的权利。1999 年,世界性学会在第 14 次世界性学会议发表了《性权宣言》(*Declaration of Sexual Rights*),提出"性权利是一种普遍人权,它基于与生俱来的自由、尊严和全体人类的平等。"②李银河将性的意义概括为七方面,即繁衍后代,表达感情,肉体快乐,延年益寿,维持生计,建立或保持某种人际关系,表达权力关系。③ 可见性对于成人的重要意义。

在性需求的满足上,人区别于动物之处在于人是有意识、有感情、有道德的生物,在现代文明社会,人的性需求满足必须以感情为基础、以婚姻为法律许可。没有婚姻依托的性要被文明社会的道德所谴责、法律所惩罚。也就是说,婚姻是性需求得以满足的唯一合法途径。对于"无妻可娶"的过剩男性,不具备通过合法方式实现性需求的途径,其结果必然是:要么强行压抑性需求,适应无性的生活;要么通过非法的途径实现性需求。

性的压抑又称性饥饿,是指对异性与性行为极度渴望,却出于某种原因主动或被动地制约与控制自身性欲望的一种心理与生理状态。性"如果在

① ［奥］西格蒙德·弗洛伊德:《性欲三论》,赵蕾等译,国际文化出版公司 2000 年版,第 1 页。

② 见 http://www.360doc.com/content/12/0416/17/887893_204166285.shtml。

③ 李银河:《性的问题·福柯与性》,文化艺术出版社 2003 年版,第 9—14 页。

发展的过程中,某些特别强烈的组成部分受到了压抑(必须强调,压抑和完全消除是不同的),那么就会产生一种不同的结果。当压抑发生时,兴奋还会像以前那样产生;但是它们在精神上受到阻碍,不能达到自己的目标,就被引入了其他渠道,直到作为症状表现出来……伴随着神经症"。[①] 这些病症在生理上的表现为头晕、注意力涣散、失眠、恶梦、腹泻、胃肠道不适等神经功能失调,长期以往还会引发身体的其他疾病;在情绪或心理上的表现则为脾气暴躁、性格乖张、心情低落、精力不集中。

失婚带给男性的是合法性伴侣的缺位。性需要难以通过社会认可的合法渠道得以满足,他们只好通过不安全的甚至越轨的渠道,如嫖娼、婚外性、同性恋等婚外性行为填补性的需求。但由于婚外性行为背离了社会道德规范和法律规范,失婚男种种越轨的性成为社会舆论挤压和法律制裁的对象。在这种背景下,失婚男无法享有正常和稳定的性体验。

性在中国文化中是一个高度敏感和极其隐私的话题,尽管在实践中村民的性观念已比较开放,但对于知识观念、理解能力、性格特征和见识视野殊异的失婚男群体来说,要面对面、用相同的话语方式进行提问,是一件困难重重的事情。本书没有使用问卷调查的方式,不能让调查对象在私密状态下无拘无束地作答,这是数据获取上的不小损失。在进行深度访谈的过程中,也尽量降低性问题的敏感性,并针对不同的访谈对象,课题组采取了不同的提问方式。

对于这些年走南闯北谋生活、见过外面世面、较年轻的失婚男,直截了当切入主题,问是否有性生活以及性生活的主要渠道。43 位访谈者中,37 位表示有过性生活,31 位是通过"找小姐"的渠道进行,4 位是与前女友发生过性关系,2 位是与有夫之妇发生过婚外性行为。在性生活的频率上,基

---

① [奥]西格蒙德·弗洛伊德:《性欲三论》,赵蕾等译,国际文化出版公司 2000 年版,第 1 页。

本上都处于没有规律的偶尔为之状态,有的"一年就几次",甚至"几年一次"。有4位表示没有性生活经历。但无论有无性生活经历,他们坦言大多数时间内都处于"没有性生活难熬"的性饥渴状态。另有2人拒绝聊此话题,"这种事我不会说"。

而对于那些年龄稍长、文化程度较低、没有在外面闯荡的经历、身有残疾或性格内向的失婚男,则是迂回婉转地提出问题。在35位访谈者中,有5位与同村和邻村的留守妇女发生过性关系,有23位称"找过小姐",4位表示"没有性经历",有3位拒绝回答相关问题,或许是出于对隐私的捍卫,或许是觉得话题本身羞于启齿。有21位或直言或委婉地表达了"找媳妇儿不就是为了那个吗","找不到媳妇儿最难熬的就是那个"。有5位访谈者面对这些问题尴尬地搓手,面红耳赤或低头沉默,或回答"我们农村人,不讲究那么多,找媳妇儿就是生娃儿"。

上述调查表明,对于失婚男而言,除一小部分人已适应无性生活外,在绝大多数人那里,性需求是客观存在的。在没有稳定的性生活的情况下,普遍存在性压抑。这与安徽居巢区的情况大致相似:农村大龄未婚男性渴望结婚而难以结婚,性心理受到了损害。在性实践上,他们并不是同质群体,有近1/3的人发生过性行为和自慰行为,虽然有过性实践,但性生活普遍没有已婚男性活跃;有近1/4的人自报没有发生过性行为、自慰行为和看黄片行为中的任何一种;他们中的一部分人似乎适应了或满足于无性的生活,另一部分人极力忍受无性生活的痛苦。贫穷不仅把他们排除在婚姻之外,还排除在性实践之外。① "由于性行为一般都需要性伴侣,因此未婚男性的性生活普遍没有已婚男性活跃,他们的性福利显然受到未婚和缺乏正式性伴侣的损害。在这种社会规范下,一部分大龄未婚男性

---

① 张群林、李树茁、[法]阿塔尼·伊莎贝拉:《中国农村大龄未婚男性:性现状、性风险和性安全》,社会科学文献出版社2015年版,第164—166页。

敢做不敢言,更有相当部分大龄未婚男性不敢做,他们的性需求受到压制,性福利受到损害。"①2011 年,郝杰以河北省顾家沟几位失婚男的性心理及性实践为原型,导演了一部电影《光棍儿》,真实反映了农村失婚男的性苦闷和性压抑。

长期没有正常的性生活,情感无依,结婚无望,甚至会导致性心理偏离正常,扭曲变形。

(二) 人格心理健康受到影响

现代医学研究表明,男女两性不仅在自然生理属性上存在差异,在性格心理上也存在着差异。具体地说,男女在感觉、知觉、记忆、语言、思维、性格、情绪、意志、动机、兴趣、需要、能力和行为等方面都表现出极大的性别差异。② 婚姻正是通过男女"天作之合"的互补,实现互利双赢的期待。"无妻可娶"的男性无法得到另一方的互补,婚姻的心理、精神抚慰功能无法实现,造成了一定的心理病态。中外学者们通过对大龄未婚男性与已婚男性的心理状况进行比较,发现大龄未婚男性和已婚男性的心理福利差异显著。一项包括 130 多项幸福指数的实证研究表明,婚姻尤其对于男性具有极大的奖励功能,已婚男性的幸福指数比未婚男性高、压力比未婚男性低,婚姻提供的伴侣和精神帮助缓冲了个体身体和情感上的病症。③ 大龄未婚男性的生活满意度显著低于已婚男性,而抑郁度显著高于已婚男性。④ 在本书调研中,发现失婚男在人格心理上表现出以下特征:

---

① 张群林、[法]阿塔尼·伊莎贝拉、杨雪燕:《中国农村大龄未婚男性的性行为调查和分析》,《西安交通大学学报(社会科学版)》2009 年第 6 期,第 51—60 页。

② 王米渠、王颖冰:《男女心理差异》,安徽人民出版社 2009 年版。

③ Robert H. Coombs, "Marital Status and Personal Well-Being: A Literature Review", *Family Relations* Vol.40, No.1(Jan,1991), pp.97-102.

④ 李艳:《农村大龄未婚男性与已婚男性心理福利的比较研究》,《人口与发展》2009 年第 4 期,第 2—11 页。

1.心理脆弱敏感

一些失婚男嘴上说"结不结婚无所谓",对自己的失婚状态表现出不太在意,但内心深处其实有着较大的心理创伤,体现为脆弱、敏感多疑,哪怕是一些不经意的言行、善意的玩笑,他们也理解为歧视、嘲笑。

> 我不喜欢走人家(指走亲戚),见面总是问我找媳妇儿的事,(他们)又不是不晓得我找不到媳妇儿,还总是问这问那的,听着心里烦,哪壶不开提哪壶!人家背后总是议论我,把我当怪物一样的。(双林村谭在文,49 岁)

> 他(双林村谭在文)一个人过的时间长了,小心眼儿(指计较小事,敏感)多,有一年过年,我去给他拜年,挨着的有三家,我先到了另外两家,最后才到他家,他就说我瞧不起他,还说今后不要来拜年了。(谭在文的姐姐谭在菊)

> 村里有些男的,见到我就问我碰过女人没有,说没碰过女人不叫男人。这不是明摆着笑话我吗?(江源村刘西凯,35 岁)

2.自卑自弃

失婚犹如一张"失败证"标签,紧紧黏在失婚男身上。作为婚姻市场上的竞争失利者,他们大多怀有强烈的挫败感并自惭形秽,"条件太差了,没人看得起我"是他们对自己的共同评价。

> 找不到媳妇儿,很丢人,有什么可谈的。(江源村刘西凯,35 岁)
> 不想谈(找媳妇儿的话题),我都麻木了,没兴趣了。(石坝村余长生,36 岁)
> 没得本事,穷,找不到媳妇儿。(旺兴村邓俊文,38 岁)
> 没有女人,没有孩子,这辈子有什么意思呢?(石坝村范金彬,34 岁)

　　他(白虎庄村刘同林,41岁)过年才回来,平时不在家。过年回来了也不多说话,他心里苦,自卑,我晓得,他有苦也不给我们讲。(白虎庄村刘同林的父亲刘孝义)

　　调查中,不少失婚男认为失婚是人生失败的代名词,对于课题组的访谈邀约不愿意合作,甚至表现出明显的抗拒和敌意,"有什么好说的? 又解决不了问题",是他们普遍的态度。

　　3. 胆怯或暴躁

　　挫败和自卑往往通过逃避和进攻两种方式表现出来。长期的单身生活方式,要么养成了羞怯沉默的性格,少言寡语;要么造就了古怪暴躁的性格,"动不动就发脾气","跟别人搞不好关系"。钓鱼坪村姜恩培,41岁,3岁丧父,家境贫寒,小学文化程度。十几岁、二十几岁时,他还经常与村中的同龄人一起玩耍、一起出去务工。可随着同龄人纷纷走进婚姻、生儿育女后,他也慢慢淡出以往的朋友圈,把自己封闭起来,性格变得越来越内向、闷闷不乐,不爱跟别人讲话或外出活动。访谈时,他始终红着脸、低头不语,他的母亲则代替他回答了相关问题。"以前还出去打工,现在哪里也不去,成天窝在屋里,又不出去玩,看着急死个人了",母亲摇头叹息说。

　　还有些失婚男将内心的不良情绪转嫁到他人身上,脾气暴躁:

　　那年,他(高坡村熊仁高,46岁)和他爸吵架,也不是什么大事,就是他爸让他去舅舅家送个人情,舅舅过六十岁,他不想去,两个人吵了起来,他说不想活了,拿起菜刀就往他爸手颈(指手腕)上砍,我吓死了,赶忙上去抢,我手上都划了几道口子。(高坡村熊仁高的母亲王国英)

　　单身生活中的我行我素、大小事务自己做主俨然已成为习惯,有些失婚男没有意识到、也不想遵守人际交往中的基本艺术,如妥协退让、宽容大度,在无所顾忌的心理暗示下,尽情发挥自己的个性。

4. 孤独压抑

每个社会角色都有相对应的权利义务约定,这些权利义务也是社会角色行为选择的规则和依据。失婚男在周遭同龄男性早已实现丈夫角色和父亲角色的同伴压力下,产生强烈的角色缺失感。这种角色缺失感既导致了家庭温暖的缺乏,还堵塞了向最亲密关系的人宣泄情感的渠道,进而引起情绪孤独压抑,正如民间社会"光棍"之谓,喻示着未婚男性如光秃秃的、没有树枝和树叶陪衬的树干一样,孑然一身,孤苦伶仃。访谈中有这样一段访谈者与高坡村牟锐(40岁)关于结婚对心理压力的影响的对话:

问:当心情不好的时候,你觉得有媳妇儿和没媳妇儿,有没有差别?
答:肯定有差别,并且差别很大。
问:什么差别?
答:有媳妇儿的人,回家给媳妇儿说说,有小娃儿牵挂,烦恼就消了很多。没有媳妇儿的人,没有地方说,给父母说只会更烦恼,只好倒头大睡,闷到心里。

父母的焦虑增加了失婚男的精神负担。

以前父母催着我去见面(相亲),我烦。现在他们知道见面的机会都没有了,也不催我了,但我看着他们心焦(指焦躁)的样子,很难受,又没有人可以倾诉。(白虎庄村刘同林,41岁)

年龄越小的失婚男,对"光棍"身份越抗拒、焦虑,对婚姻的期待越强烈,对受挫的现实越沮丧;年龄越大的失婚男,对"光棍"身份越表现出无奈和认命,对婚姻的期待越弱缓,心态趋于平淡宽和。他们中的一部分失婚男慢慢接受了现实,调整了对结婚的认识及心理预期。渺茫的希望反倒让他们一下轻松了许多,"一个人自由自在,也挺好的"。在交谈中,有人甚至提出"人为什么一定要结婚"之类的问题,从人生哲学的角度来为自己的无法结婚寻求理论依据和心理解脱。

> 以前心里躁得很,动不动就发脾气,现在习惯了,慢慢接受了。结个婚也是一辈子,不结婚也是一辈子。一个人过有一个人过的苦恼,也有一个人过的快活。好多人结婚了不也要离婚吗?都有烦恼。我妈老汉儿(指父母)经常打架,我妈经常在我面前哭,说我爸的那些坏毛病……我爸成天往外边跑,不愿回家……他们婚是结了,也没看出有多幸福。(高坡村熊仁高,46岁)

> 我自己无所谓,就是父母总是着急,催得我烦。我一个人过还自由些,无牵无挂,赚的钱想哪们用就哪们用……老了的事,等老了再说。那些有后人的,后人还不养老呢。(白虎庄村刘同林,41岁)

> 又不是我一个人(找不到媳妇儿),现在多着呢,哪个村里没有几个单身汉呀。没有完整的家,肯定不满意,但也得慢慢接受。我现在也过得开心,到处玩,找朋友玩,也过得不错。(白羊村陈会山,37岁)

年龄稍大的人已作好了一辈子不结婚的心理准备,但坦承内心其实仍然渴望来自女性的眷顾和温暖,向往婚姻生活。看似矛盾,实则是对婚姻生活可望而不可即的无奈。一位结婚8年、已育有一儿一女的高坡村村民黄烈(32岁)在谈起怎么看待周围找不到媳妇的现象时,直言"结婚有结婚的好处,不结婚也有不结婚的好处。结婚了就不自由了,就不是自己了,是为老婆孩子活着。有时候我还想回到单身。"此言被正好路过的嫂子听见了,笑对说"你是饱汉不知饿汉饥,站着说话不腰疼"。

沮丧、失望甚至绝望情绪的不断累积,极个别人甚至走上自杀绝路。
2011 年,双林村叶佳应(36 岁)与母亲吵架后,到后山喝农药自杀身亡;
2013 年,石坝村蒋明武(38 岁)被查出了肺结核。现在的医疗技术完全可
以医治康复这一疾病,但蒋明武却放弃治疗,并拖着病体乘火车到深圳,从
他曾经参与修建过的一栋高楼跳下,结束了生命。有研究发现,已婚者和未
婚者在精神疾病发生率上具有显著的差异,每 10 万人发病率,已婚为
97.6,未婚为 203.1。[1] 一项对 20 世纪 60 年代 12 个发达国家男性婚姻状
况与自杀率的研究结果显示,未婚男的自杀率远远高于已婚男。[2] 在中国
的实证研究也发现,大龄未婚男性的抑郁水平也显著高于其他人群,只有
16.3%的人无抑郁感受,重度抑郁的高达 40%。……大龄未婚男性的自杀
意念已经明显高于大龄已婚男性和年轻未婚男性。自感家庭经济条件和抑
郁是大龄未婚男性自杀意念的影响因素。自感家庭经济条件越差、抑郁程
度越高越容易出现自杀意念。[3] M 镇的研究也证实了这一现象。

(三) 健康状态不佳

大量研究发现,未婚对身体健康是一种潜在的危险。社会流行病学研
究表明,缺乏积极的社会关系是基础广泛的发病率和死亡率的重要危险因
素。孤独感加剧了社会威胁的敏感性,影响个体的执行功能、睡眠、心理和
身体健康。这些效应共同导致了孤独老年人发病率和死亡率的增高。[4] 一
篇探讨婚姻状况与死亡率关系的论文发现,已婚者的死亡率低于单身、丧偶

---

[1]　B.Malzberg,"Marital Status and the Incidence of Mental Disease",*International Journal of Social Psychiatry*,1964,8(5).pp.19–26.

[2]　K.Seccombe, M. Ishii – Kuntz, "Gender and Social Relationships among the Never – married",*Sex Roles*,1994,30(7–8).pp.585–603.

[3]　徐晓秋:《贫困农村大龄未婚男性心理福利研究——贵州 CS、XF 县为例》,浙江大学 2014 年博士学位论文,第 94 页。

[4]　Cacioppo J.T., Cacioppo S.,"Social Relationships and Health:The Toxic Effects of Perceived Social Isolation",*Soc Personal Psychol Compass*,2014 Feb 1,8(2).pp.58–72.

或离异者,婚姻状况对男性的影响要远远高于女性。[1] 对于 45 至 64 岁的各种族人来说,未婚群体与已婚者相比,总的风险显著增加,且年龄较大的人群面临的风险小于年轻人。[2] 被困于单身或重回单身的男性更倾向于产生暴力和失控行为。他们更有可能自杀或杀害别人,更可能遭受性病、精神失常、酒精中毒、毒品依赖,更可能因缺乏营养或环境肮脏而病死,相应地,他们的寿命也会更短。[3]

婚姻生活具有不可取代性。失婚男没有妻子的陪伴、照顾,无法享受正常的家庭生活和有规律的生活方式,抽烟或喝酒等不健康的生活习惯和性压抑或越轨的性行为,给其身体健康带来负面影响。调查发现,失婚男健康状况普遍较差,79 位被访者中,患胃病的有 41 人,患慢性肝炎的有 19 人,患高血压的有 17 人。有的人甚至患有几种病。而有 16 人表示,总是感觉无力和疲倦,但没有去医院体检,不知道自己身体有什么问题。"没有人嘘寒问暖,不舒服了也没有人催去看,有些毛病就忽略过去了",白虎庄村妇代会主任王红艳说道。

二、生活质量低下

生活质量又称生命质量或生存质量,是衡量人们生活状况的有效手段。生活质量可以分为客观生活质量和主观生活质量。其中,客观生活质量从影响人们物质生活和精神生活的客观方面来进行评价,包括健康状况、教育

---

① Walter R.Gove,"Sex Marital Status and Mortality",*American Journal of Sociology*,1973,79(1),p.45.

② N.Goldman,Y.Hu,"Excess Mortality among the Unmarried:a Case Study of Japan",*Social Science & Medicine*,1993,36(4):533-546.

③ Courtwright,David T.,*Voilent Land:Single Men and Social Disorder from the Friontier to the Inner City*,Cambridge,Mass.:Harvard University Press,1982,pp.40-41.

水平、物质福利、居住质量、生态环境、生活设施、社会保障、闲暇生活、精神生活、公共安全和社会公正等方面;主观生活质量是人们在实际生活中所感受到的生活状态,即人们对生活的满意度或主观幸福感。生活质量概念对于理解不同群体,特别是边缘群体、弱势群体或特殊群体面临的困难与问题有重要意义。① 本书主要从客观生活质量方面来洞察失婚男的生活状态。

(一)家庭关系紧张

日常生活方式与居住方式紧密相关。在中国传统文化中,未婚的儿子与父母共居。45 岁以下失婚男的父母大多在世,他们生活于原生家庭中。与父母共住的失婚男,日常生活方式与父母的健康状况息息相关:当父母具有劳动能力时,洗衣做饭等家务主要由父母来提供;当父母健康状况不佳时,失婚男不仅要照顾自己生活起居,还要分担父母的家务劳动;当父母完全丧失生活自理能力时,则独立承担起家庭的全部家务,并为父母提供日常照料,如水井村牟家兴的父母均瘫痪在床,里里外外的家务、农活全由他一人承担。一般而言,只要父或母一方在世,失婚男便会与其同住。有的时候,失婚男与父母建立起一种代际团结互助的关系模式。但也有不少失婚男性常将失婚归咎于、迁怒于父母,引起代际关系紧张,甚至发生极端行为。

> (找不到媳妇儿)是被家里耽搁了的,我在外头谈了一个带回来,家里房子太差了,她(指女朋友)父母不同意。(高塘村向锐,34 岁)
>
> 老汉儿长年有病,我打工的钱都给他治病了,没钱修房子,就说不到媳妇儿。(石板村杨来尚,36 岁)
>
> 我几岁的时候,正是长身体,爸爸要我挑水、挑粪,压矮了,长不高,

---

① 周长城、刘红霞:《生活质量指标建构及其前沿述评》,《山东社会科学》2011 年第 1 期,第 26—29 页。

女娃儿都是嫌我矮了。我要是长高点儿,不是这个样子。(高塘村覃扬高,41 岁)

溪流村莫小军(34 岁)早在 19 岁时就与同厂的贵州女孩谈恋爱,女孩是家中独女,要求莫小军入赘女方。但莫小军也是家中独子,所以父母阻止了他们的婚事。一气之下,小军曾 4 年不回家。此间父母张罗着为他"说媳妇儿",也相亲了多次,但"不是我看不上对方,就是对方看不上我。那时候我自己找了,他们不同意。现在好了,我找不到媳妇儿了。"为此事父母一直很内疚,"那时候主要是为我们养老考虑,再加上那时候他年轻,想着以后机会多,哪晓得后来会这样子呢? 如果有后眼睛,我们怎么会不同意呢? 只要儿子有个家,我们老了没人管也无所谓了,总是要死的。"

无独有偶,双林村何锐(36 岁)也将失婚原因归咎于父母的无能。何锐有一个比他大 2 岁的哥哥。2001 年,他外出务工期间谈了一个女朋友,到了谈婚论嫁的阶段,女方要求男方单独修建一套新房。但何锐的父母认为,当时家里只有修一套新房的实力,根据风俗应先为大儿子修新房,过几年攒钱后再为小儿子修新房。女方不接受这一方案,与何锐恋情告吹。而此后,何父也确实兑现了当初的承诺,依次为两个儿子新建了房屋。但何锐自这段恋情后,始终没有成功的恋爱。每每谈及失婚原因,他都直言是父母害了他,"当时我哥还没有对象,而我有对象要结婚,他们死脑筋,硬是要先给哥哥修房,害得我现在打光棍"。父母更是愧疚难当,"当时背债也应该把房子修起来,让他把婚结了。现在房子是修起来了,又找不到媳妇儿了……我现在肠子都悔青了。"为此事两代人常起冲突。面对儿子的责怪,老两口都默不吭声。这些失败的情感经历已成为惨痛教训,在今天的 M 镇,父母都深深知道,只要儿子同意,无论自己是否满意,千万不能阻拦,"找个媳妇儿这么难,错过了这个村就可能没有那个店了"。

找不到媳妇是家庭成员共同的焦虑,家人的焦虑发酵叠加上失婚男的

敏感脆弱、脾气暴躁,常导致家庭关系紧张:

> 爸妈催我出去找媳妇儿,催得烦。我找得到媳妇儿不去找?上哪里去找?如果他们早点把房子修起来,我就找到媳妇儿了。(高塘村向锐,34岁)

> 我没找到媳妇儿,家里人看我不顺眼,总是说我,好像是我自己的错。(江源村刘西凯,35岁)

> 我当单身汉给全家丢脸了,父母走到哪里都不愿意提起我,姐姐妹妹家里都不欢迎我去,影响她们的形象。我哪里也不去,长年在外打工,过年都不愿意回到家。(高坡村熊仁高,46岁)

据村干部反映,村中少数单身汉和父母的关系较为紧张,甚至发展到大打出手的程度。一般情况下,失婚男的性格有缺陷、行为习惯乖张是主因。杨树村向来顺(39岁)嗜酒如命,打工的钱都用来买酒喝,每喝必醉,每醉必发酒疯。有一次,向来顺喝得酩酊大醉,父亲责备了两句,他拿起板凳就砸向父亲,父亲肋骨断了3根,当场昏倒,不能动弹,住院半月。双岭村谭在文的母亲自15年前被妹妹接到温州后,在通讯如此发达的今天一直与母亲没有联系,与自己的三个妹妹也没有任何联系,"我和哪个都没得感情,不相干,死活与我无关"。香树村谭守安(43岁)的弟弟自1997年外出务工后杳无音讯,在被问及是否报警或报失踪人口时,他淡淡地说:"没管他,他那么大的人了,要回家就回来,又不是不知道家在哪里"。家庭成员一个无意的举动或善意的建议,都可能导致失婚男大发脾气。香树村失婚男周扬飞(39岁)终日到处游荡,赌博成瘾,把父母养老的钱偷出去赌博,被姐姐知道后,数落了他几句。他暴跳如雷,说姐姐多管闲事,将姐姐撵出家门。由此也可见,失婚男对父母兄弟如此薄情寡义,从一方面反映出其情感缺陷。

（二）生活方式不健康

当父母均过世后,失婚男与兄弟姐妹共住的情形非常少见。他们大多在与兄弟邻近的地方独居,在需要的时候得到兄弟日常生活方面的照料,但更多的时候是自己照顾自己,独立完成洗衣服、做饭等家务工作。在村落传统的性别分工观念中,洗衣、做饭、做清洁、收拾房间、缝缝补补这些事都应由女性承担,在社会化的过程中,女孩从小就进行这方面的培养和训练,男孩则远离这些事务。因此,对于一个已过最佳结婚年龄的男性,为了应付生活,要从头学做这些家务活,确实有些难度。"妻子"角色的缺席,使失婚男的生活质量大打折扣,衣服无人缝补、洗涤,家务无人收拾,生病无人照料,生活节奏紊乱,自我照顾不周,遇到难事也无人帮助。

> 一个人,弄饭麻烦,难得弄饭,能混就混了。随便煮点儿东西吃,哪管好不好吃、有没有营养呀?（石坝村周小桥,47 岁）

> 饥一顿饱一顿的。有时候累了一天,回到家还得自己弄饭吃。有时候不想弄就泡一袋方便面。我家里总是准备的有方便面。（沿江村毛亚辉,49 岁）

> 病了没有人服侍。我胆结石动手术,在医院里就是姐姐和妹妹轮流来照顾。和她们也没什么话说,不方便。（大路村杨家友,51 岁）

失婚男独居生活的落魄状况,村干部和村民有目共睹:

> 没有女人不成家。他（巷口村覃在明,52 岁）这些年一个人过日子,造孽（方言,指可怜）。饭没人弄,衣裳没人洗,家里没人收拾,他自己都不想待在家里。（巷口村妇代会主任饶德香）

> 他（沿江村郭德贵,48 岁）一个人过日子,家里乱七八糟的,没有人愿意去他屋里玩,去了热水都没有喝的。（沿江村妇代会主任向红）

　　除却日常锅碗瓢盆、油盐酱醋的琐碎应付,大部分失婚男情感孤独寂寞,精神空虚郁闷,"没人牵挂,也不牵挂别人"。个别 45 岁以上的失婚男由于生计困扰占据了几乎全部精力,表示"有饭吃就行了,没有心思想其他的",没有意识到孤独的问题,其他的失婚男都表示面临着情感精神上的苦闷,并试图去排遣这种状态。在无人帮助也无人约束的环境下,失婚男喝酒、抽烟、闷睡,打发抑或逃避寂寞无聊的时光:

　　　　我也没有什么朋友,有媳妇儿的不会和我玩,当单身汉的也和我玩不到一起去。酒和烟是我的朋友,无聊的时候,就到街上买瓶酒喝。我烟瘾大,每天抽两包烟,2 元一包的烟,没有事做,没有人说话,只好不停抽烟。(樟树村李洪志,46 岁)

　　　　进进出出就一个人,说话的人都没有,所以我养了条狗,把电视声音开大点儿,热闹点儿,有点儿趣。(石坎村向久平,47 岁)

　　　　这辈子就这样了,也没什么希望,反正过一天是一天,怎么快活就怎么过。……没有人和我玩,一个人喝酒、抽烟,睡瞌睡。(水杉村吴兴栋,43 岁)

　　马克思说:"社会——不管其形式如何——是什么呢? 是人们交互活动的产物",[①]揭示了社会的本质正是在人们的相互作用、相互关系中构建起来的。人的社会交往是建立在共同的话语和需要基础之上的,失婚男"非正常"的生活境况,在他与周围社会之间形成了一道无形的墙壁。

　　　　和差不多大的人玩吧,别人都结婚了,有家有口的,话题说不到一

---

　　① 马克思:《马克思致帕维尔·瓦西里耶维奇·安年科夫》,载《马克思恩格斯选集》第4 卷,人民出版社 2012 年版,第 408 页。

起去;和没结婚的年轻娃儿玩吧,玩的东西不一样。说他们是大人,又
没结婚;说他们是小孩,又一大把年纪了,反正是不合适。(樟树村村
民姚远庭)

结婚的人有结婚的想法,没结婚的人也有没结婚的想法,玩不到一
起去。我找和我一样的人玩,有共同语言,能说到一起去。我们经常在
一起打牌、喝酒、逛街。(高塘村吴放春,39 岁)

村中一位已婚妇女阻止丈夫与失婚男交往,理由是"没有结婚的男人
无牵无挂,过了今天不想明天,吃喝嫖赌样样都来得起,你一个有家有口的
人和他们混在一起干什么"。

(三) 谋生方式单一

一般而言,综合估值相对较高的失婚男一般会选择外出务工,"对于大
龄未婚男性而言,外出打工也成为单身生活的重要应对策略。一方面,外出
打工是他们改善家庭经济条件、增加择偶机会的重要途径;另一方面,外出
打工也是他们逃避单身带来的心理和舆论压力的重要方式。"①M 镇失婚男
选择打工,也是基于类似的原因。50 岁以下、身体健康的失婚男,在没有父
母需要照顾等客观牵绊下,会选择外出务工。一是务工会带来比在家务农
高得多的现金收入,可以改善个人或家庭经济条件。一个稍有技术的青壮
年劳动力,每月收入可达 3000—6000 元,即使没有技术的"下苦力",月收
入也在两三千元,远比务农收入高,这是吸引失婚男外出的主要动力。二是
外出务工为他们提供了一种与留守家中完全不同的生活场景和方式。在陌
生的人文环境中,他们能够接触外部世界的新鲜事物,逃避失婚带来的心理

---

① 刘慧君:《脆弱性视角下农村大龄未婚男性的生存质量:现状与未来——基于陕南地
区的调查研究》,《人口与社会》2017 年第 1 期,第 33—43 页。

和舆论压力,增加择偶机会,具有更多选择性伴侣的渠道。一位要求隐蔽身份的失婚男坦率地承认,"哪个城市都有'红灯区',不瞒你说,我们经常去"。

而那些年龄偏大、体力不支或健康有碍、缺文化不具备外出的基本能力或父母需要照顾的失婚男,则留守村中。

> 腿脚不方便,做不得重活,在外头找不到工作。(水井村杨耀荣,44岁)

> 名字都写不拢,账也不会算,又认不到字,打个工别人也不会给我钱。(石坝村吴华山,50岁)

> 我一个人到 M 镇上办事都不敢去,要有人带着,到市里也没去过,更莫说到外地打工了。(溪流村王富贵,49岁)

> 母亲瘫痪在床,父亲腿摔断了,在医院住院,没有人照顾,我只好回来照顾,我是独儿子。等他们都不在了,我就打工去。(橡树村牟家兴,43岁)

没有养家糊口的需要,没有家庭发展的理性规划,没有对未来的前瞻性展望,在"一人吃饱,全家不饿""今朝有酒今朝醉,得过且过"的心理驱动下,失婚男普遍存在生产动力不足、劳动积极性缺乏的现象,在选择谋生方式时目光如豆,随性放任,严重影响了谋生方式的改善。

一项对陕西农村失婚男主观生活质量的研究发现,28 岁以上的未婚男性生活质量比年轻未婚男和已婚男性低,感知到婚姻挤压的未婚男性生活质量比未感知到婚姻挤压的男性生活质量更糟,感知到的婚姻压力和年龄与农村居民的生活质量存在显著的负相关关系。[1]可见,无论从主观生活质

---

① Xueyan Yang, Shuzhuo Li, Isabelle Attané, and Marcus W. Feldman, "On the Relationship Between the Marriage Squeeze and the Quality of Life of Rural Men in China", *American Journal of Men's Health*, 2016, pp.1-9.

量,还是客观生活质量上看,失婚男的生活质量较低。

三、社会融合与社会支持单薄

社会融合与社会支持是考察失婚男生活状态的两个概念。社会融合反映其被社会所接纳的状态,社会支持反映其得到社会资源的状态。

(一) 社会融合不畅

社会融合作为一个社会政策概念起源于欧洲学者对社会排斥的研究。由于被社会排斥群体通常是脆弱群体,又往往是处于社会的最底层,而且社会排斥常常表现为不同阶层之间的排斥与疏离,以及存在于人与人之间、群体与群体之间的社会距离。[①] 因此,社会融合就是通过政策干预,让脆弱群体有序参与、平等共享,促进个体的认同感、归属感和安全感,实现各群体、各阶层的团结整合,构建和谐共享社会。社会融合是弱势群体的需求和权利得以实现的保证,而实现社会融合的关键在于建立良性互动的人际关系网络。

人际关系网络是个体获取社会资源的重要来源。在中国农村这种熟人社会和人情社会,通过馈赠礼物、互致问候和拜会访问等方式,构建起一个以自己为中心,由亲及疏、由近及远、"爱有差等"的差序格局人际网络。这个网络包括三个圈层:核心亲属(包括夫妻双方的父母和兄弟姐妹)、外围亲属(父母的兄弟姐妹或堂亲、表亲等)、地缘或业缘关系(劳动力转移过程中结成的同事关系或同乡关系)。前两个圈层是基于先天血亲而形成的先赋性关系,后一圈层是后天人为而形成的获致性关系。社会融合是一个动态的、渐进式的、多维度的、互动的概念。人们选择交往对象的理性是互惠

---

① 黄匡时、嘎日达:《社会融合理论研究综述》,《新视野》2012 年第 6 期,第 86—88 页。

原则下对利益回报的期望,当关系网络中的成员无法给对方提供社会资源时,就会被对方移置至偏离中心的关系网络位置。人际关系网络内部根据互动频率、感情、亲密程度、互惠性等标准,又可分为强关系和弱关系。在中国传统社会,一般而言,建立在血亲基础上的关系是强关系,而获致性关系属于弱关系。改革开放以来,谋生方式的非农化和人口的流动化在一定程度上挑战了社会关系的差序格局,以利益为维度的关系越来越向网络圈层中心靠拢,但血亲圈层仍然是最稳定的强关系,是建立信任的牢固基石,也是资源获取的重要途径。与已婚男性相比,失婚男的人际关系网络构建及社会融合有如下特征:

1. 礼止于不往来

在乡村熟人社会,婚丧嫁娶的人情往来是人际交往的主要形式。在村民的生活实践中,人情(即礼金)既是熟络感情的载体,也是集聚财富的手段。在 20 世纪 80 年代以前的 M 镇,一般家庭困窘的收入难以承受婚丧嫁娶的支出,在筹措资金阶段,都会预估"人情"收入的数额,来填补借支留下的资金窟窿,可见脉脉人情外衣下的冰冷利益内核。在 M 镇传统的风土人情中,婚嫁喜事(俗称"整酒")的人家在确定好良辰吉日后,就开始前往亲戚朋友家,逐一上门邀请;在请柬、电话之类新鲜事物进入村庄后,主事的人家则通过电话或请柬邀约。一般来说,受到了邀请却不出席,将被视为是对主家的大不敬,意味着两家的交恶。吃酒方派出的出席人员在一定程度上决定着重视程度,若与主家是强交往关系,则一定要派家庭核心成员出席。即便有特殊原因不能派家庭成员出席,也要托人带上"人情"。被主家邀请的"吃酒"范围,遵循着同类邀请的确定规则,即应一视同仁地邀请或不邀请与主家关系远近一样的亲友,如邀请范围为同辈的表亲,则所有的表兄弟姐妹都在被邀之列,即便其中有人与主家有着不愉快交往史。否则,是对未被邀请的同类关系的一种侮辱,两家将自此绝交。

20 世纪 90 年代前,M 镇"整酒"范围主要是婚丧嫁娶类大事。但在市场经济的洗礼下,村民对利益的算计超过了对感情的倚重,山村刮起了愈演愈烈的人情风,村民想方设法找各种借口"整酒"宴请,除了生育、满岁、婚嫁、丧葬等传统人生大事,还建构了十岁、三十五岁、三十六岁、逢五逢十岁的生日、修房上梁、升学、升职酒,还有借父母 60 岁、70 岁、80 岁生日名义的"整酒"。一年中一个普通家庭至少能整出 3 场酒,一个普通农户四五天就要接受一次宴请。对于"整酒"的目的,村民们心照不宣,即借机"收人情"敛财。在当地流行一句话,"人情不是债,顶起锅儿卖",足见村民为应付人情承受的压力。村民竭尽全力应对亲戚朋友的各种宴请,一方面是为维护感情,另一方面每一家也可以通过类似的方式收回"人情"礼金,在经济上保持大致的动态平衡。

由此可见,在村民的人情往来中,"情"与"利"交缠不清。由于"吃酒"已经成为群众的一大负担,2012 年 2 月,C 市纪委出台了《治理违规整酒风的规定》,明文规定除"婚丧嫁娶"之外的"整酒"都是"无事酒",并要求党员干部带头不整、不参与"无事酒",慢慢刹住了"人情"泛滥风。在政府的干预下,"整酒"风头不再,但从中可窥见村民人际交往中遵循着非精准的等价交换潜规则,交往的双方大体是两不相欠,人情在"礼尚往来"的"储蓄"中拴牢稳固。通过人情往来的乡村规范,将自己成功嵌合到关系网络中,阎云翔形象地称之为"礼物的交换"。①

在这种人际交往逻辑中,失婚男没有获得结婚、生育等礼俗仪式展演的机会,缺乏重要的礼物交换场景,因而没有必要去"储蓄"人情以得到对等回报。"基于礼仪场合互惠性的特点,缺少回礼场合的大龄未婚男性尽量避免参与送礼活动以避免'有去无回'的损失。"②同时,亲友既可能出于未

---

① [美]阎云翔:《礼物的流动:一个中国村庄中的互惠原则与社会网络》,李放春、刘瑜译,上海人民出版社 2000 年版,第 84—95 页。

② 李艳、帅玉良、李树茁:《农村大龄未婚男性的社会融合问题探析》,《中国农村观察》2012 年第 6 期,第 71—79 页。

将失婚男纳入期望继续保持关系的范围之内,也可能出于对失婚男无法进入礼物交换圈的体谅,少有邀请失婚男。

> 我一个人,没有什么事情整酒,收不回人情,亲戚也不接我,我也不去。(水井村黄轩,39岁)

> 二表姐的姑娘结婚,其他的人都接了,就是没有接我。到了去吃酒的那天,屋场里一大早就热热闹闹的,嘻嘻哈哈的。我还不是想和他们一起去玩,但我不出去,免得被他们看到。(溪流村王富贵,49岁)

> 他(溪流村王富贵,49岁)也孤单,叔伯兄弟屋里整酒,满屋的客,好热闹。他就在隔壁,因为没有请他,他也不过来,我们在大门口搭的大篷里吃饭,他一个人在屋里煮碗面吃。(溪流村村支书向天华)

人情关系的"退出",与其说是失婚男的主动选择,不如说是村庄对光棍的一种排斥。而这种排斥对于失婚男的整个人际交往和互动都有极强的负面后果。[1] 失婚男在人情交往中的"退出"主要体现在弱关系上,一些强关系如兄弟姐妹及侄男侄女们,每逢春节时,大多数都会上门拜年,不过并未给失婚男留下礼尚往来的余地。这主要体现在两方面:一是前来拜年的至亲送来礼物后就离开了,不给失婚男招待吃饭的机会,其原因既有体谅失婚男做饭不易,也有嫌弃失婚男招待条件差而不愿受委屈。大坪村周建辉(46岁)的母亲2013年去世后,一人独居老屋。2014年大年三十,他像往常一样,依照当地风俗,洗了一个猪头、一块猪尾、一个蹄髈共计50多斤熏肉煮熟,准备招待前来拜年的亲戚。可是,这些亲戚都不约而同地送了礼物后就借故离开了。周建辉大发脾气:"你们这是瞧不起我,我为了招待你

---

① 余练:《多重边缘者:基于对D村光棍群体社会地位的考察》,《南方人口》2011年第6期,第8—15页。

们,煮了这么多肉,还专门买了一把新筷子"。而他的一个姐姐在私下里则坦言,"他家里坐的椅子都没有几把,也没有买什么新鲜蔬菜,还指望我们去帮忙做饭,我自己在家都做烦了,大过年的,我宁愿不在他家吃饭。"二是这些至亲并不希望他去回拜。① 有的是直接说不用来拜年,有的则推说自己没有时间接待。其他亲戚去回拜都偷偷摸摸地封锁消息,以免被他知道。这种只来不往的人情关系,虽然在物质上让失婚男占了便宜,但在精神上却让失婚男并不舒畅。在这样的拜年逻辑持续了两年后,周建辉对姐妹们发出最后通牒,"今后你们不要来了,我不欢迎"。但兄弟姐妹们并不生气,"他一个人过日子,不容易,不和他计较",仍旧每年去拜年。

2. 姻亲缺位

人类社会的亲属网络是通过纵式的继嗣和横式的联姻建立起来的。② 纵式继嗣形成了宗族关系,横式联姻形成了姻亲关系。其中,横式联姻扩展了亲属网络的广度,"婚姻为任何一个家庭提供了一种与其他社区的人们发生社会联系的可能性……不同宗族之间人们的联系在很大程度上通过将他们连接在一起的婚姻来传送","重要的社会联系在通婚的群体之间建立。来自婚姻的联系编织了众多的关系,跨越了宗族之间的界限,有时以一种恒常的关系连接着宗族。"③婚姻是家庭的社会交往网络向外延伸的桥梁和纽带,它通过新的血缘关系建立关系网络。对于男性而言,以血缘的父系传递为纽带形成的族亲关系是先赋性关系,族亲成员之间既紧密合作又激烈竞争,既有集体荣耀与血脉相续的义务拴定,又有着利益纠纷和义务担当的现实较量,隐性攀比竞争和显性矛盾冲突是乡土社会中族亲关系的主旋律。相反,以血缘的母系连接形成的横向姻亲关系是衍生性关系,这一关系

———————————

① 一般来讲,在差序格局中处于低位的人先给处于高位的人拜年,而后处于高位的人则应该回拜。当地习俗规定,受拜的一方要提供丰盛的餐食接待。

② 王铭铭:《人类学讲义稿》,世界图书出版公司 2011 年版,第 35—44 页。

③ [英]莫里斯·弗里德曼:《中国东南的宗族组织》,刘晓春译,上海人民出版社 2000 年版,第 130—131、122 页。

由于较少义务分担和利益纷争,反而能保持纯粹的亲情而形成紧密的联盟。"无论在已婚妇女和娘家之间的契约存在何种习俗的限制,她一次次地而且带着她的孩子拜访娘家的人们,男人与母方的亲属和姻亲保持联系,建立在这些基础之上的关系显然作为政治和经济活动的重要基础。"①当族亲关系弱化,交往关系的天平自然向姻亲关系倚重。在 M 镇不少村庄,姻亲关系取代族亲关系,在社会关系网络中占据主导地位。可是,失婚男没有姻亲,也就意味着失去了这一重要的关系网络。

3. 排斥与逃避

失婚男在村落这种低流动性的环境中,在婚丧嫁娶类非制度性的社会融合活动中,因为自身未婚的尴尬状况而主观回避,或因为别人的某些言行被客观排斥。在 M 镇,一些重要仪式如修房上梁、祭祖、结婚等具有一定象征意义或神圣寓意的仪式环节,主持者和参与者都需要进行严格筛选,那些家庭幸福、儿孙满堂的夫妻是合适人选,失婚男不完整的人生在他身上镌刻的"不受欢迎"的烙印,将他排斥于仪式场所之外。

　　　　亲戚家里有红白喜事,除非非常亲的关系,就来接(邀请)我。不是很亲的关系,都不接我。我表哥的儿子结婚,表兄弟全接了,就是不接我,有钱送不出去,你说是什么感觉? 后来他给我解释,说我一个人,也不办什么事,免得欠我的人情,后来我也理解了,别人其实就是不想我去。(石坝村周小桥,47 岁)

　　　　特别是过喜事,我这样的人不受欢迎。前年我大姨妈儿子结婚,我主动说我帮忙娶亲,她说不要我去,说人手已经够了。其实我知道,现在年轻人都不在家,很难找到年轻人娶亲。还有一次,杨洪福的儿子结

---

① ［英］莫里斯·弗里德曼:《中国东南的宗族组织》,刘晓春译,上海人民出版社 2000 年版,第 131 页。

婚,我去送人情,吃饭后准备去新房看一下,结果在门口就被杨洪福的老婆拦住了,他连拉带扯把我拉到厢房里,专门给我倒了一杯茶,敬了一支烟,对我客气不过,就是怕我进新房,好像我们这样的人不吉利,气死了。(溪流村王富贵,49岁)

我们农村人祖祖辈辈传下来有一些讲究(规矩),像结婚拜堂铺床、上梁这些事情,肯定要找夫妻和睦、儿女双全的人,这样的人能带来福气,带来好运。单身汉肯定不行,感觉不完整、不幸福,哪家也不会请这样的人。老辈子(祖先)留下来的规矩,没办法。(丹鹤村村民向德昌)

周遭社会给失婚男贴的"不完整、不幸福"标签,如一道隐形却坚固的墙壁,将失婚男隔离于乡土规则中的"正常人"之外。在乡土规则的"惩戒凝视"下,失婚男出于对自尊的守护,主动地远离或回避社会融合场所。

别人家里过事(指婚丧嫁娶),我自己也不愿意去。都是熟人,都晓得我没有结婚,别人瞧不起我。(水井村黄轩,39岁)

别人都是请我父母,不是请我。别人看我总是怪怪的,好像我不是正常人一样,所以我尽量少回家,有时候过年都不回去,就在打工的地方待着。(旺兴村胡家兴,37岁)

我一个单身汉,到人家家里,人家不放心,生怕对人家的媳妇儿、女娃儿有想法、有危险……没吃过猪肉,还没见过猪跑呀?所以我一般不和村里的女的说话,免得别人怀疑我。(白虎庄村刘同林,41岁)

我总觉得别人同情我,我不愿意别人同情我,所以我不愿意出门和别人打交道。(高坡村熊仁高,46岁)

别人屋里过红白喜事,你看到别人都是一家一家的,男的都有媳妇儿,我一个人,去了不自在。(江源村刘西凯,35岁)

村民们则认为,除了喜事的礼仪场所对失婚男身份有所禁忌外,其他场所并没有什么讲究,"我们没有瞧不起他们,也没有另眼相看,有些人和我们交往都很正常"。如果真如此,那么,失婚男受歧视的感受也可能是过度敏感所致。

一般来说,生活于原生家庭中的失婚男,是因为父母的关系网络被牵涉进礼物交换类社会融合场合。由于村民的防范、嫌弃或歧视,失婚男被动或主动划出社会交往的边距,与周边人群保持距离,阻滞了社会融合的程度。而当父母去世后,礼仪上的关系网络逐渐终止,失婚男被排斥于社会融合的多种场合,成为被分化的人群,因为种种原因导致成婚困难的失婚男成为被社会隐性隔离的一个特殊群体。因此,一般而言,失婚者的社会网络随着年龄增长不断重构,随着结婚的可能性越来越渺茫,他们开始谋划每况愈下的后半生生活,人际交往频率下降,交往圈缩小,亲属网络稀疏且具有封闭性。

在江苏江边村,年老的失婚男除了遭遇到社会交往排斥外,在社区生活中还受到潜在或显在的空间排斥:在新农村建设前,他们住在周围人早已搬离的危房、老宅、破旧的废弃公用房屋中;在新农村建设后,村里打算将他们安排在村西北边缘的平房区。[①] M 镇失婚男仅仅面临人际交往的隐性排斥,并不存在空间排斥情形。M 镇绝大多数 50 岁以上男性在适婚年龄没有受到人口性别比失衡的影响,基本都能在传统的婚姻圈找到对象,并不存在大范围的失婚男性。即便有 50 岁以上单身男性,也大多是因为丧偶或离异后难以再婚。本书研究的主要人群 28—50 岁的失婚男正处于壮年期,有能力的均外出务工,能力欠缺的基本上能自食其力。他们分散居住在各自的老房或新修的楼房,在居住空间上与其他村民没有明显的区隔。

(二) 社会支持薄弱

社会支持具有巨大的缓冲作用,使失婚男在制度性支持之外,能获得更

---

① 彭大松:《村落里的单身汉》,社会科学文献出版社 2017 年版,第 208—213 页。

多的社会资源,应对生活中的困难与压力,改善生活品质,提升幸福指数。国外关于大龄未婚者社会支持的研究结论较为复杂,如 Barrett 认为从未结婚者的社会支持羸弱,特别是晚年,生命满意度因为社会支持的弱化而降低;①Stein 否定了单身未婚者或者是"社交活跃的人",或者是"孤独的失败者"的标签。② 中国的研究则表明,农村社会关系网络与社会支持网络基本重合。关系网络的强弱与社会支持力度的大小成正向相关。李艳、李树茁对农村大龄未婚男性的社会支持网络进行了系统的研究,得出了这一群体的现实社会支持规模及感知社会支持得分均小于已婚男性,大龄未婚男性更依赖亲缘和地缘,且其支持网成员与自己的趋同性较高;在实际支持网和情感支持网中,大龄未婚男性有弱关系的可能性低于已婚男性等结论。③"大龄未婚男性在实际支持、情感支持和社会交往等三个方面的支持规模都小于已婚男性……在现实社会支持的每个维度,大龄未婚男性有弱关系的比例都低于已婚男性,两个群体在实际支持方面有弱关系的比例差距最大……大龄未婚男性能获得的社会支持远少于已婚男性,并更多的来自亲戚。"④

本书所指的社会支持,是指个体从核心家庭以外获得物质和精神帮助,包括实际支持、情感支持和社会交往支持,以及感知到被关怀、被帮助、被尊重的体验。不同状况的失婚男所需要的社会支持不同,年龄、健康、谋生能力的差异会产生不同的支持需求,如年长、健康有欠或有残疾的失婚者对农活、家务和生活料理的支持需求较大,谋生能力较差的失婚者对经济援助的

---

① Barrett A.E.,"Social Support and Life Satisfaction Among the Never Married:Examining the Effects of Age",*Research on Aging*,1999(21),pp.46-72.

② 转引自李艳、李树茁:《农村大龄未婚男性的社会支持网络》,社会科学文献出版社 2011 年版,第 31 页。

③ 李艳、李树茁:《农村大龄未婚男性的社会支持网络》,社会科学文献出版社 2011 年版,第 216 页。

④ 李艳:《农村大龄未婚男性与已婚男性心理福利的比较研究》,《人口与发展》2009 年第 4 期,第 2—11 页。

支持需求较大,兄弟姐妹较多的失婚者对邻友的支持需求较小,性格内向的失婚者对精神情感的支持需求较大等。不同的关系类属为失婚男提供了不同的社会支持和援助,解决了不同层面的困难,甚至同一类属同时提供多重支持。下面将从关系类属来描述 M 镇失婚男的社会支持状况。

1. 家庭的支持

父母或兄弟姐妹的家庭支持对大龄未婚男性的客观生活质量具有关键性影响。由于无法通过婚姻组成一个新家庭,失婚男极少自立门户,而是生活在原生家庭中,以亲子同居共食为常态,原生家庭是其最重要的支持来源。原生家庭的支持可划为两段。在父母存世且有劳动能力时,父母会竭尽所能为失婚男提供全方位的支持,包括不放弃一丝希望为其找媳妇努力创造条件,提供洗衣做饭等日常生活服务、成为情感慰藉的对象等。特别是母亲的在场,在很大程度上保障了失婚男的生活质量。失婚男的相亲机会、务工信息等也依赖父母的关系网络。但正如前所述,失婚男的共性特征就是家庭经济状况或地理位置较差,这决定了原生家庭支持力量的薄弱。而当父母失去劳动能力或健康状况不佳时,失婚男不仅无法从原生家庭得到支持,反而要承担起赡养父母的代际责任。在有几个兄弟的家庭,如果其他兄弟结婚成家,父母的养老责任由其他兄弟担负较多。从父母撑持的原生家庭获得的生活支持必然会随着父母相继离世而逐渐减少直至消失。因此,父母均不在世的失婚男的生活支持将会显著降低。

兄弟姐妹是失婚男较稳定的社会支持来源。父母均去世后,失婚男往往单独生活。有少量失婚男与未婚兄弟等组成残缺家庭,或依附已婚兄弟姐妹形成扩大核心家庭。当失婚男失去父母支持且自身年龄渐老后,已婚的兄弟姐妹则替代父母,为其提供物质、生活照料和情感慰藉等多方面的支持,如代替外出务工的失婚男管理农业生产或土地租赁、医疗保险费用缴纳、病中照料、日常生产生活用品、农业工具的借用。此外,农村经济收入较低导致了银行借贷评级较低,当需要大笔支出时,失婚男主要求助于私人关系圈,已成家的兄弟姐妹自然成为主要的借贷对象。除了劳务和实物支持外,家庭成员还提供心理慰藉和感情归依。当遭遇心情困惑或面对重大事项需要作出决策时,家庭成员是失婚男最先的求助对象。特别是当失婚男进入暮年,兄弟姐妹的探望、陪伴、聆听,成为其不可或缺的精神支柱。但兄弟姐妹之间在法律上互不负有赡养和照料义务,尽管有实质性生活互助,由于已婚兄弟姐妹组建了自己的核心家庭,形成了独立的利益共同体,情感重心转向了夫妻关系和子女关系上来,因此与失婚男共同生活的情形非常少见,"兄友弟恭"式传统伦理的引导作用已经弱化。溪流村杨从学(39岁)对此感受颇深:杨从学的一个哥哥、一个姐姐和一个妹妹都相继结婚成家,他一直与父母居住在一起。34岁那年,父母在八个月时间内先后离世。离世后,杨和哥哥一同外出务工。务工期间,兄弟俩相互扶持,关系十分融洽。可春节回到家,哥哥言语中暗示杨从学一个人住在老屋里,"老屋里很久没有住人,什么都没有,怎么过年?"杨从学只好年前上街买了些过年物资,虽然哥嫂隔三岔五叫他过去吃饭,但"我知道我不是他们家的人,我是个外人"。

2. 家族与亲戚的支持

血缘相系、居住邻近的宗族成员间具备为失婚男提供社会支持的先天优势。这类支持力度与失婚男的父母存亡状况关系密切。父母在世时,父母的强关系是家庭的主要支持来源;而随着父母的离世,这种强关系转变为弱关系,社会支持力度也随之衰减。在市场经济和人口流动性的条件下,宗族功能弱化,宗族力量式微,宗族成员间的关系也基本上遵循经济理性原则。据大坪村村支书汪侍才介绍,"以前家族有凝聚力,哪一家有矛盾,族长有威望,去解决都会听从。家族里有大事,大家都聚拢来了。现在大家都出去打工了,也没有那么近了,有的家族成员的关系还没有外面的朋友关系亲近"。同时,表亲、姐妹的子女构成失婚男性社会支持来源之一,但这种支持较松散,失婚男缺少通过自己的婚姻结成的紧密姻亲网络及相应的社会支持实惠。

3. 邻友的支持

人际关系除了族亲、姻亲关系外，还包括个体培育和建立的友邻等后天获致性关系。这类关系基于资源交换的交往理性建立。这种成员主要提供个人发展或务工的信息共享或人脉支持，如推荐用工、合作或分享用工信息等，以及社会交往的功能，如相互串门、聊天、娱乐游戏、喝酒吃饭、问候等，以排遣孤独寂寞，丰富精神文化生活，寻找精神寄托，增进信任和认同。在邻友交往中，虽然失婚男没有刻意地回避已婚男，但由于各自有不同的利益关切，相互之间存在着难以逾越的沟壑，因此他们的主要交往圈子为同样婚配困难的男性。在同病相怜中彼此靠近，在心灵的依偎中将命运的际遇尽量稀释淡化，为黯淡的人生制造些许欢乐。在这类关系中，失婚男与对方是一种相对平等的关系，摆脱了失婚男在其他的支持系统中处于被同情的受施者身份，能帮助他们找到自我价值。但随着年龄的增长，这类支持越来越萎缩。

4. 政府的支持

失婚男在政府的支持系统中并未被作为一个特殊群体而区别对待，而是与其他群体混杂在一起，纳入社会保障系统。对于 60 岁以前、有劳动能力的失婚男，政府提供基本的新型农村医疗合作保险、种粮直补及用工单位提供的"五险一金"；对于 60 岁以后或失去劳动能力的失婚男，政府提供社会保险、养老保险、"五保"政策等。

四、不堪舆论重负

中国素有普婚文化传统，即便今天，普婚文化仍然盛行。有调查显示，35 岁以下的男性和女性的结婚率都高于 90%。[①] 在父系血缘制的文化体

---

① Meng, L., Bride Drain: Rising Female Migration and Declining Marriage Rates in Rural China. Working Paper, Xiamen University Department of Economics, 2009.

系中,结婚、生儿育女不仅是男性扛起繁衍传承家族血脉的使命,还是个人安身立命、价值承载的标志,因而成为最重要的人生评价指标。在这一价值评价指标下,失婚男面临着强大的舆论压力。

在低流动性环境里,失婚男的遭遇被周围人所熟知。"婚姻无望,满盘皆输"的价值评判偏见,人们无意或有意的嘲笑、猜测、议论和异样的眼光甚至是同情都令失婚男深切感受到伤害、歧视、冷落和排斥。左邻右舍,远亲近戚,在街头巷尾,在麻将桌上,在婚丧嫁娶往来中,在田间劳作时(由于土地已被租用于规模化种植,农时租主往往请村中老弱妇到地里劳动,这已成为村中留守人员相聚的一种方式),失婚男话题是重要的谈资。社会舆论有着强大的力量,关系到尊严,关系到成败,关系到地位。

> 我们这些找不到媳妇儿的人,在村里被人瞧不起,在别人印象中不是正常人,是有问题的人。走到哪里,都防着我,好像我是个犯罪分子一样。走在哪里都感觉别人在背后议论我,好像我比别人矮了半截似的,抬不起头来。(白虎庄村刘同林,41岁)

> 村里人说话可伤人哪,尽往别人的痛处戳。无论男女老少,见了我就开玩笑,说带我去找媳妇儿。有些年轻人,还问我想不想女人?有些人还说给我介绍个小姐,你说气人不气人?(江源村刘西凯,35岁)

失婚对当事人父母的心理压力远大于当事人。绝大多数失婚男直言自己并不是很在意,但父母的内心世界却备受折磨。这些百般操持、悲苦哀伤的父母常常陷入焦虑、自责。

> 一想起这个事(儿子找不到媳妇儿),我就睡不着。你看,我才56岁,头发全白了,就是为这个事操心白的。村里和他差不多大的男娃儿,娃儿都两个了,大的已经上小学了。我们家里条件不好,没有姑娘

愿意来。这么大的儿子单着,走出门都没脸见人。(大坪村黄利平的母亲)

这(儿子找不到媳妇儿)是我最大的一块心病,着急呀!外人还不是笑话。上次为田埂的事,和隔壁屋里吵架,那个婆娘就把这个事拿出来说我,我气死了。后人的姻缘谁说得到呢?(高塘村覃扬高的母亲)

我们家在村里抬不起头来,走到哪里,别人都在背后说我儿子找不到媳妇儿。我现在都不愿意出门,免得被别人说三道四的。(旺兴村胡家兴父亲)

儿子(找不到媳妇儿)心里苦啊,走到哪里都是一个人,连个说知心话的人都没有……现在我们还撑着,等我们死了,他老了,哪个来管他呀?(流泪)如果找到个媳妇儿,我死了也心甘。找不到媳妇儿,我死了也闭不上眼睛哪!(高塘村吴放春母亲)

我不催他(儿子),又不是他不想找,他也着急,也好想找,就是找不到。(高坡村牟锐的母亲)

小儿子39岁了,还没找到媳妇儿,以后越来越不可能了。现在我还可以给他做饭洗衣,我死了,他一个人,没人知寒知暖的,怎么过呀?(江源村刘放刚的母亲)

儿子失婚以及因儿子失婚而遭受的社会舆论都会大幅度降低父母的生活满意度。[①] 父母除了承受自我愧疚和舆论压力外,还承载着儿子的责难。在当地人观念世界,父母对子女婚姻大事负"无限责任",只要儿子一天不结婚,哪怕自己年迈体衰、风烛残年,父母使命就没有完成。尽管儿子已过最佳结婚年龄,但父母仍不死心,倾尽所有家庭资源攒钱或盖新房以使其在

---

① 郭秋菊、靳小怡:《婚姻挤压下父母生活满意度分析——基于安徽省乙县农村地区的调查》,《中国农村观察》2012年第6期,第62—71页。

婚姻市场增值。在结婚的希望越发渺茫时,还将目光投入非正常渠道,如娶离婚、丧偶女等次等选择。

婚姻挤压在家庭内部甚至在村庄内部有着强大的连带效应。在有几个儿子的家庭,兄长受到婚姻挤压,弟弟结婚的可能性将大大降低,出现"光棍家庭"的现象。如果村里的"光棍家庭"较多,这个村在婚姻市场上的声望也大大下滑,进而出现"光棍村"。一个大龄未婚男性的存在,将使整个家庭的形象蒙上阴影,影响所有家庭成员的人际交往和发展机会。因此,即便为失婚男"找媳妇"的家庭谋划可能会损害其他子女的利益,弟弟也可能抱怨兄长的单身对其产生的潜在影响,或者家庭成员对失婚男的消极生活态度颇有微词,但由于这关系到整个家庭和每位成员的现实利益和社会形象,"找不到媳妇"是全家人的共同心病,"脱单"是全家人的共同心愿和合力所向。石坎村村民刘演民说,"我也为弟弟的事情着急。本来我现在有两个娃儿上学,负担也重,但是我还是拿了5万元钱帮弟弟修房子,还不是希望他安个家。"在"一男失婚、累及全家"的逻辑下,失婚者的家庭往往举家合作,积极行动起来,提升失婚男的婚姻估值。

如前所述,经济是影响男性婚姻市场估值的核心因素。贫困导致失婚,失婚导致更深层次的贫困(心理情感、生活照料、社会支持、个人声望等方面的弱化),从而陷入恶性循环,形成了贫困地区农村独特的婚姻经济学。婚姻是社会分层的重要工具,是社会不平等结构的复制和再生产过程。通过婚姻机会的筛选机制,失婚男在社会结构中的边缘地位被进一步强化、重构和延续,形成一个庞大的具有独特心理特征、思维方式和生活方式的新社会阶层。

第五章　社会的不稳定因素

　　人口性别比失衡不仅催生了一个失婚男阶层,还关乎国家安全。"在性别比例失衡的国家,国家安全的含义要和那些拥有正常性别比例的国家大为不同。虽然'性别'的议题在国家安全的领域中从未获得重视,但我们预测在 21 世纪它将成为一个重要的聚集点。"出生人口性别比失衡所导致的男性婚姻挤压对中国可持续发展的挑战已经引起了广泛关注,中国大量失婚男的存在是"一股随时会被引爆的不安定力量,给社会带来了恐惧与不安"。① 一个庞大群体的婚配权受损,将诱发群体成员价值、规范和行为失范,进而刺激与放大社会风险,影响社会的公共安全、社会稳定和可持续发展。这些风险中,少数属原发性风险,多数属次生性风险;有些已经成为现实危害,有些还处于酝酿过程之中。

一、婚姻策略

　　婚姻挤压不仅是大龄未婚男性的婚姻危机,而是具有动态性和多阶层

---

　　① ［美］瓦莱丽·M.赫德森、［英］安德莉亚·M.邓波尔:《光棍危机——亚洲男性人口过剩的安全启示》,邱彰译,中央编译出版社 2016 年版,第 5、216 页。

性,波及整个婚姻市场。为应对婚姻挤压行情,男性僭越婚姻匹配的基本规则,作出了一系列权宜之策。

(一) 有关婚姻匹配的理论

婚姻交换理论认为,婚姻的缔结本质上是一种等价交换。具体地说,男女双方分别对自身资源和特性进行价值评估,以自身价值为标准,确定潜在配偶在资源和特性上的价值,以实现婚姻收益的最大化预期。婚姻交换通过两种形式得以实现:一是同类婚姻,即婚姻市场资源匹配、价值相当的男女的结合,往往表现为同一社会阶级阶层、文化圈层、外貌等级的人的结合;二是互补婚姻,即双方在某些资源方面不对等,但一方的资源优势恰好弥补了另一方的资源劣势,最终达到平等交换。[①] 其中,"同类匹配"被认为是较为理想的婚配模式,"一切择偶制度都倾向于'同类联姻',即阶级地位大致相当的人才可结婚,名声显赫、有权有势的家庭在为儿女物色佳偶时,没有必要与下层阶级的家庭联姻","我们常说人们往往与具有同类特点的人结婚……这是讨价还价的产物。一般说来,物以类聚,人按群分……这既因为群体强迫人们选择与自己相似的伴侣,也因为市场商议过程会使人们认识到,最好的机遇是选择同等类型的人"。[②] 恩格斯也认为,"婚姻都是由当事人的阶级地位来决定的,因此总是权衡利害的婚姻"。[③] 人类社会存在着共通的"门当户对"婚配标准,即人们基本上在同一社会阶层内择偶婚配。

在同一阶层内部,还存在着般配的性别差异即择偶梯度,[④]也就是"女

---

① Edwards, J. N., "Family Behavior as Social Exchange", *Journal of Marriage and the Family*, 1969, 31(3).pp.518-526.

② [美]古德:《家庭》,魏章玲译,社会科学文献出版社 1986 年版,第 75—77 页。

③ 恩格斯:《家庭、私有制和国家的起源》,载《马克思恩格斯选集》第 4 卷,人民出版社 2012 年版,第 82 页。

④ 石人炳:《婚姻挤压和婚姻梯度对湖北省初婚市场的影响》,《华中科技大学学报》2005 年第 4 期,第 46—50 页。

低男高"的搭配模式,女性倾向于选择"向上攀",男性倾向于选择"向下就"。关于梯度择偶模式,狄克曼认为是女方为防止现有的社会地位被降低,因而从社会地位更高的群体中进行择偶的理性选择。① 赫德森和邓波尔则认为,中国的广东人和福建人把女儿当成"赔钱货",对她的投资都会拱手让给夫家,只有把女儿嫁给地位更高的家庭,且夫家对娘家的态度良好,这样娘家才能获得较多的保护或协助,提高娘家社会地位,更好地完成资源积累和资源排他。②

　　除了以上分析,女性的"向上攀"择偶标准应该还有其他的解释路径,即它是女性在现有性别文化框架下生存智慧的体现。在传统性别分工观念下,男性在社会、家庭中扮演着主要角色、承担着主要责任,女性仅是附庸的存在,因此理性的女方会攀附更好条件的男性。从夫居是男权文化在婚姻居住方式上的具体体现。在它的规约下,婚姻是一个巨大的临界点,把女性的生活划分为截然不同的两段。对于女性而言,出嫁意味着与亲人的别离、熟悉的社会支持网络的退去,而在"父母之命、媒妁之言"传统婚姻缔结方式下,女性在择偶中的主体性缺失导致她对丈夫及未来生活的非确定性感到恐惧,因而引起强烈的内心波动,很多文化中的"哭嫁"习俗即是新娘这一特殊情感宣泄的礼俗形式。但是,挑战从来都是与机遇并存,不确定中也总是孕育着希望,所谓"婚姻是女性的第二次生命",是决定女性人生幸福的关口。特别是当女性掌握了婚姻自主权后,利用婚姻,摆脱原生家庭的地理位置、经济条件、社会制度、文化程度对她生活期望的限制,上跃社会阶层,提升幸福指数,是常识性的理性。婚姻在某种程度上充当了改善生活质量的"工具",也折射出女性争取资源的一种合法路径,一种寻觅安全感与

---

① Dickemann,Paternal Confidence and Dowry Compitition,"A Biocultural Analysis of Purdah",in Richard D.Alexander and Donald W.Tinkle,eds.,*Natural Selection and Social Behavior:Recent Research and New Theory*(New York:Chiron,1981),pp.471-483.

② [美]瓦莱丽·M.赫德森、[英]安德莉亚·M.邓波尔:《光棍危机——亚洲男性人口过剩的安全启示》,邱彰译,中央编译出版社 2016 年版,第 17 页。

踏实感的有效方式。

在几乎所有的人类社会,梯度择偶文化强势存在、固化成形且不可撼动。在美国历史上很早就存在着梯度择偶模式,特别是在性别比失衡的地区。[1] 这种婚姻匹配模式保障了估值较低的女性、估值较高和很高的男性拥有了极大的选择空间,而估值较高或很高的女性不愿"屈尊下嫁",估值较低或很低的男性"无人愿嫁",婚配对象较为狭窄,从而形成了以下的婚姻配对程式:

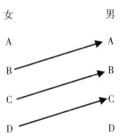

其中 A、B、C、D 表示由高到低的等级。这样,婚姻市场上过剩的往往就是 A 女和 D 男。相比 A 女因"无人可配"而主动选择单身,D 男则面临着被动过剩的局面。

在婚姻市场上男女供需关系失衡与择偶梯度的共同作用下,同类匹配、等价交换规则就会被打破。正如马克思说:"在商品交换中,等价物的交换只是平均来说才存在,不是存在于每个个别场合。"[2]所谓的等价交换只是一个个别现象,而不等价交换才是现实的正常情况。等价交换原则应表现为价格与价值相符,但由于市场供求关系的变化会引起价格偏离价值,因此在市场上商品实际价格是由价值决定,又要受市场供求关系的影响。在婚

---

① Courtwright, David T., *Voilent Land: Single Men and Social Disorder from the Friontier to the Inner City*, Cambridge, Mass.: Harvard University Press, 1982, pp.133—136.

② 马克思:《哥达纲领批判》,载《马克思恩格斯选集》第 3 卷,人民出版社 2012 年版,第 364 页。

姻这个特殊的市场,过剩一方获得等同或互补资源配偶的机会下降,缔结等价交换婚姻的可能性也下降。由于个人无力改变婚姻市场的供需状况,出于理性,只能通过改变或操纵既有的婚姻规则,以便在婚姻市场的博弈中更有利于自己。这些策略包括以下情形:要么调整择偶的预期,降低择偶标准,增加择偶范围;要么推延择偶时间;要么保持不婚。① Stone 等人的研究也证实了这一点,他通过对 9809 位参与者的择偶标准进行研究,发现在性别比不平衡的社会,过剩的性别会降低择偶标准,以增加获得较少性别伴侣的可能性。② 当婚姻市场中潜在女性可婚对象数量短缺时,女性因稀缺可在更大范围内择偶,而男性在婚姻市场没有谈判能力,择偶范围相应减少,男性无法以自身的资源换取对等资源的女性结婚机会,婚姻的资源交换无法遵循等价交换规律,男性选择同类匹配婚姻的可能性相应降低。为了实现结婚的目的,只能削弱同类匹配程度,降低同类婚期望,退而求其次,作出一些特殊策略以应对女性匮乏。

(二) 调低择偶标准

M 镇男性往往通过低就、入赘、婚娶有婚史女性和疾障女性等策略,拓宽婚姻对象,增加择偶机会,解决婚姻难题。

1. 低就

婚姻市场上性别结构严重失衡,搅乱了"门当户对"的匹配规则。为免于失婚,男性们纷纷下调择偶预期,拓宽择偶范围,以低就作为重要的婚姻策略。据村干部介绍,大约自 2000 年以来,村中不般配的婚姻就多起来了。

---

① Lichter,D.T.,R.N.Anderson and M.D.Hayward,"Marriage Markets and Marital Choice", *Journal of Family Issues*,1995,16(4).p.412.

② Stone, E. A., T. K. Shackelford, and D. M. Buss," Sex Ratio and Mate Preferences: A Cross-cultural Investigation", *European Journal of Social Psychology* 2007,37(2).pp.288-296.

白羊村官文希身高1.81米,一表人才,会木工手艺。他的家庭条件也比较好,其父于20世纪80年代就在外"搞副业"(指其时农民从事非农劳动赚取报酬),收入较丰,是村中最早修建"平房屋"(即砖头垒墙壁、水泥灌浆成平顶的一种样式,以别于当地传统的土砌瓦盖斜顶样式)的殷实人家。大坪村牟家发的女儿牟小菊皮肤黝黑,相貌平平,身高1.55米左右。2002年即官文希21岁时,他父亲请媒人上牟家问话,媒人当时就疑惑地说:"小菊配不上你家儿子呢,你莫开玩笑哟!"父亲解释说,现在村里长得好看的姑娘眼光都高,都嫁到城边上去了,别指望了。现在不抓紧,今后恐怕更难。当媒人到牟家说媒时,牟家非常满意地答应了。

吴建新家是溪流村公认的特困户,他自己患上了肺结核,妻子自幼患小儿麻痹症,身高只有1.2米左右。两人婚后生了两个女儿。由于劳动能力受限,全家仅靠丈夫偶尔出去打零工以及政府的低保勉强度日,生活十分艰难。两个女儿身高都在1.5米左右,长相一般。但当女儿十八九岁时,前来说媒的人家很多,最终两姐妹都嫁到了家庭条件和男孩自身条件都不错的家庭,"两个女婿都强,人高马大的,和他一家人在一起,也不像一家人……像他这样的人家,要是以前,家庭条件好的男方根本不愿意找,就是姑娘强也不愿意找,你想想要经常往他家里跑,要在他家吃饭,不习惯呀,受罪呀。现在主要是姑娘少,俏,没有选择",村支书介绍道。

梯度择偶理论已不能有效解释条件悬殊的婚姻。梯度择偶是在大致相同的社会阶层中,女性的择偶标准稍稍上扬,是女性在婚姻市场上挑选婚姻估值略高于自身的对象。在一个性别比例相对平衡的婚姻市场,女方对男方的条件预期若远远超过自身的婚姻估值,双向选择机制有可能将她淘汰出局。因此,在传统婚姻实践中,人们形成了一个约定俗成的规则,即女方择偶的重点关注是在地理位置、人才和家庭条件等某一方面具有比较优势即可。但婚姻市场人口性别失衡严重扰乱了婚姻匹配规则,倒逼产生了一桩桩不般配的婚姻。

2. 入赘

招婿入赘是一种具有久远历史的婚姻形式,是无男孩家庭的替代性选择。在 C 市历史上,素有招婿的传统习俗。据村中老人叙述,在此之前,兄弟较多,家境贫寒,且地处偏远,在本地成婚困难的男性,便"倒插门"(入赘的俚称)到地理条件好的女方家,以改善生活境况,解决婚姻难题。入赘从妻居是婚姻估值较低的男性摆脱原生家庭条件囿制的一条出路。也就是说,招婿婚基本上都结成于综合条件较差的男方与综合条件较好的女方间,与惯常的"男高女低"梯度恰恰相反,是一种"女高男低"的梯度模式。招婿在乡村文化中地位较低,"把你送去当上门女婿"是此前 M 镇村民间戏谑的玩笑,以表示对某人的羞辱。家庭条件好或只有一个儿子的家庭,根本不会接受招婿婚。在这类婚姻中,招婿以较低的礼俗地位换取了结婚的机会和较好的生活环境。

自 20 世纪 80 年代初以来,农村严格执行一对夫妇只能生育两个孩子的计划生育政策,计划生育前通过无限制的生育数量来保证生育男孩继承人的可能性几乎被堵死,不少家庭成为"双女户",如江源村有 49 户,石坎村有 38 户,香树林村有 51 户,石坝村有 41 户。随着"双女户"家庭的女儿渐次进入婚龄,为了家族延续和养老需求,形成了较大的招婿市场。

然而,近些年来,婚姻市场的性别结构使得入赘的婚姻形式不断地突破原有的文化规约,形成了新的般配律则。不少地理位置、家庭条件和个人素质都不错的男方,迫于"娶进"媳妇的压力和困难,不顾村庄舆论压力,选择入赘综合条件低于己方的女方,创构了入赘婚中"男高女低"的择偶梯度。如冷口村是 M 镇婚姻估值最低的村,也是男性婚姻受挤压最严重的村庄。2005—2017 年间,村中 14 个"双女户"都成功地招婿,其中 9 位来自条件较好的村,3 位来自比冷口村稍好的村,2 位就是本村人。相反,沿江村是 M 镇地理条件最优越的村,以往很少有男性入赘外村,但 2005—2017 年间,村中先后有 7 位男性入赘他村,其中有 1 位就去了冷口村。在豫北 H 镇,

"'招婿婚姻'在性质上仍然属于是一种出于经济上的考虑,为解决男方家庭的实际经济困难而采用的婚姻形式,H 镇'招婿婚姻'实践中的男方家庭实际上属于婚姻市场的下层"①,与 H 镇相比,M 镇的情况则大相径庭。

从条件好的村庄到条件差的村庄入赘,不仅违背了"养儿防老"的代际责任,且颠覆了男性改善生活质量的基本逻辑。是什么原因让村民们作出入赘的抉择呢?沿江村许印德有两个儿子,大儿子已结婚,小儿子 2015 年入赘到冷口村。谈到小儿子的婚事,她说:

> 你不知道,现在找媳妇难啊!还不是想娶媳妇进来,女娃儿少,找不到媳妇儿。照说我们这里也不差,但还是不好找。村里已经有十几个"光棍"了,怕年龄拖大了,就麻烦了,拖不起呀。只要有上门的机会,就让他去上门。那个地方(冷口村)条件差是差了点儿,先结婚再说,结婚比什么都重要。儿子过了时间(年龄)找不到媳妇儿,一辈子就完了。条件嘛,慢慢来。我老大(大儿子)已经结婚了,任务完成了。现在我们两个老的身体好,尽量多挣点钱,帮小儿子把日子过好,把孙娃儿养好。

在村民的朴素思维中,在女方稀有的婚姻市场,娶进还是入赘,提升生活品质还是降低生活品质,在找得到媳妇还是找不到媳妇这道选择题面前,都是可以忽略的纠结,无论什么选项都能够接受,或者说没有选择的余地。那个潜在的媳妇抛给你哪个选项,你就欣然收纳。

甚至只有一个儿子的家庭,为了让儿子能找到对象结婚,也咬牙接受儿子入赘女方。水井村汪柏树有一儿一女,女儿前年出嫁,儿子汪勇 26 岁,个子不高,但长相清秀。全家为了儿子的婚姻大事早早就开始做准备,2011

---

① 栗志强:《性别比失衡背景下的农村男方婚姻支付——对豫北 H 村的调查》,中国社会出版社 2013 年版,第 118 页。

年修建了两层楼房以筑巢引凤，新房完工后就开始托媒人四处张罗，但一直没有找到合适的女孩。为了能提升婚姻市场估值，2013 年，全家花 14 万将新房进行了整体装修。遗憾的是，崭新的楼房并没有成功引来媳妇。眼看着儿子即将迈入乡村社会的"大龄"门槛，2016 年，在媒人的介绍下，汪勇来到石板村入赘。他的母亲田发菊说：

> 现在这个形势，管不了那么多了，有人家要他去就行了。我们老了动不了了，总有办法。如果把他留在家里，万一找不到媳妇，怎么为我们养老呀？他自己都养不活。所以我们也想通了，先不想老了的事情，儿子结婚了再说。如果为了给我们养老，害得他找不到媳妇，两辈人都搭进去了。听说她们（儿媳妇）家里要招女婿，我马上就请媒人上门了。

在 M 镇历史上，入赘的男方婚姻支付较少。一方面是由于入赘本身就是贫寒家庭的无奈选择；另一方面，入赘婚姻是"女娶男嫁"的特殊形式，男方拟似"男娶女嫁"婚姻中的女方，仅需视实力准备嫁妆即可。不少男方正是为了规避婚姻支付才选择入赘的。但在今天的 M 镇，男方婚姻支付的正当性已与婚姻形式无关，入赘不是少花钱的理由。林口村江贤恩回忆了儿子入赘的婚姻支付：

> 我们把本来准备在家里修房、装修的 16 万元钱给媳妇家了，让他们在那边修房子。儿子在屋里安家也好，出去上门也好，我做父母的都要尽到义务。媳妇家里没有提出要求，是我们主动提出的。现在上门也都是这样，男方在女方修房子。我们还给了媳妇 2 万元的买衣、买首饰钱，还买了家具、电视、洗衣机，总共花了 20 万。

"现在上门也都是这样"，说明在今天的 M 镇，男方入赘意味着婚姻居住方式、义务关系(帮女方延续香火、为女方父母养老)的确立,却不意味着婚姻支付的减少,入赘与娶进对于男方婚姻支付没有明显的影响。

入赘已成为解决男性婚姻难题的不错选择。巷口村李崇军有两个儿子,大儿子23岁,小儿子17岁。说起儿子的婚事,李崇军有如泰山压顶:

> 急死个人的,哪里有女娃儿的信息就去请媒人,媒人请了十来个,就是没有一个成功的。去年王寨村有一家招上门女婿,我请媒人去讲。媒人带回话说,有七八个媒人到女方家里开口(说媒),女方要考查一下,后来就没有音讯了,可惜了。听说白虎庄村的一个男娃儿去成了。不晓得哪里有人家看得起我娃儿,我们愿意去上门。

"七八个媒人到女方家里开口"的信息,说明招婿也是一个名副其实的女方市场;李崇军对儿子失去入赘机会的遗憾、对入赘意愿的明确表达,透露出在严峻的形势下,能被女方招为女婿,也不失为不错的选项。在和不同村庄的适龄男青年访谈时,他们对"上门为婿"并不排斥,"可以呀,有合适的人家就行呀"(水杉村郭畅,24岁),"我的思想很开通,娶进来也行,出去上门也行,无所谓的"(旺兴村杨栋梁,26岁)。在地理条件较好的村庄,有些"双女户"家庭甚至将两个女儿都留在家。白羊村杨长柱是个小包工头,家境颇宽,有两个女儿,大女儿26岁,招婿在家;二女儿21岁,初中毕业,无业,与当地的一个公务员相恋,正在筹备婚礼,新房就在女方家。他解释了二女儿婚姻的性质:

> 不是招上门女婿,就是让他们把家安在这里。我们这里交通方便,家里正好有多余的宅基地。修房的钱都是男方出的,男方条件也很好,大学毕业,有正式工作,品质也好,就是地方差了点儿。他们只是住在这里,孩子随他(指女婿)姓,将来他父母老了,他要养的。

婚姻市场的女方优越行情叠加原本较好的地理和家庭条件,杨长柱女儿的婚姻估值看涨,她成功地突破了几重婚配规则:初中毕业的"她"找到大学毕业的"他";无业的"她"找到公务员的"他";原本该从夫居的"她"找到了愿意从妻居的"他",每一项择偶标准都实现了向上跃升。有实力的男方,通过从妻居,不仅实现了改善生活环境的愿望,还并不影响履行男系家庭的代际责任。在这桩婚姻中,男女双方实现了互利双赢。由此可见,婚姻市场的供需关系剧烈地冲击了 M 镇传统的婚姻规则,动摇了男娶女嫁的主流婚姻形式,也不断刷新村民的观念世界,让他们学会接受一切可能的新生事物。

3. 娶再婚女性

再婚女性进入婚姻市场,是女性婚姻资源的再次利用和重新分配,也是缓解婚姻市场性别失衡的渠道。当大量男性被淘汰出初婚市场,再婚市场便成为"脱单"的不得已选择。多数受挤压男性表示愿意接受再婚女性,甚至是带着孩子的再婚女性。

> 带孩子不要紧,最好是带女娃儿,我绝对把别人的孩子当自己的养。(高塘村覃扬高,41 岁)
>
> 我们几个单身汉在一起时开玩笑,周围多死几个男人,我们就有机会了,找个寡妇还是有可能的。(樟树村李洪志,46 岁)

"有因年龄更大、条件更差而未能入赘初婚女性家的大龄男性,会选择入赘到寡妇家。虽然婚后要承担很重的照顾女方公婆和子女的经济压力,但是为了能够成婚,不少大龄男性还是不介意这种婚姻形式。"[1]在 M 镇的

---

① 韦艳、张力:《农村大龄未婚男性的婚姻困境:基于性别不平等视角的认识》,《人口研究》2011 年第 5 期,第 58—70 页。

调查也证实了这一新趋向,失婚男普遍接受丧偶或离异女。这种非主流的婚姻模式,一方面具有可得性,特殊情形下的单身女性择偶标准降低,婚姻估值低的男性有机会进入选择范围;另一方面具有实惠性,特殊情形下的单身女性再婚省却了许多婚姻仪式和程序,减少了不必要的结婚花费。因此,娶再婚女性不失为失婚男无奈又理性的选择。但是,丧偶或离异女在农村婚姻市场毕竟是极少数。在贵州省瓦房村,一桩婚事至今被村民们谈论着。一个26岁的小伙子娶了一个46岁的女子。"可就是这样的一桩婚事,也让村里的光棍汉们十分羡慕。"①在M镇,再婚妇女甚至是失婚男群体中的"抢手货"。

"收继婚"(也叫"转房"或填房)是娶再婚女性的一种特殊形式,指兄或弟死亡后,兄收弟妻或弟收兄妻。"收继婚"是婚姻资源、经济资源和人脉资源在家庭内部的重新整合,既解决了兄或弟的婚姻难题,还防范了遗孀外嫁可能导致的孩子外流和财产外流。M镇青壮年外出打工主要从事重体力、高空或危险行业,偶有已婚男性在煤矿或施工事故中意外死亡。自21世纪以来,全镇总共出现了3例"收继婚",但都属于弟收兄妻,且弟弟的条件足以匹配兄妻的情形。

4. 娶残障女性

第二章在分析失婚原因时,曾提出在今天的M镇,健康是男性进入婚姻市场的第一道入场券,健康有欠的男性几乎被排除于女性的择偶范围外。对于女方则大不一样,身体的残障只不过降低了婚姻估值及相应的择偶标准,几乎不会影响婚姻机会。

> 周围十里八村,我可以这样说,男的有点儿残疾,肯定找不到媳妇儿,女的有残疾,一般都找得到婆家,我们这里还没有找不到婆家的女

---

① 陈刚:《一座村庄的尴尬——"光棍村"调查》,《贵州都市报》2007年7月2日。

娃儿。（丹鹤村村支书田作奎）

对于残障女性的接受程度，一方面因残障种类和程度而异；另一方面因自身年龄和条件而异。一般来说，随着男性年龄的增长，对残障女性的接受度也越大；婚姻估值越低的男性，越愿意接受残障女性；残障程度越轻的女方，男方的接受度也越高。

> 我们村里有残疾的女娃儿都出嫁了：杨家贵的姑娘脚有点跛，找的个女婿还不错呢；王洪顺的姑娘得过精神病，嫁到石坎村高家，娃儿都生了，病也没发过；覃孝明的姑娘是个哑巴，嫁到白塘村李家，男的比她大 11 岁，也生娃儿了。（巷口村妇委会主任杨琦）

婚姻挤压下的贫困地区农村底层男性根本没有什么择偶偏好。一位婚配困难男性的母亲在谈到儿子择偶的标准时说："咱没有什么标准，没有什么可挑人家的……就像人们说的，只要是个母（女）的，能跟咱好好过日子，别说寡妇，就是残疾、瞎子、傻子、疯子，缺胳膊少腿都可以哩。只要有这般人，肯跟着咱踏实地过日子，能够成一家子人家……咱还能挑人家吗，只要跟着咱就好。"[1]在 M 镇，对于部分失婚男性而言，也是如此，"只要是女的就行"（石坝村王开春，36 岁）；"能生娃就行。就是不能生娃，也无所谓了"（江源村李迁盛，32 岁）；"不癫不傻就行，有点小残疾也可以"（永红村谭定义，35 岁）；"能煮得熟饭就行了，年纪大点没有关系"（溪流村刘世松，39岁）。但值得注意的是，少数患有医学上认为不应当结婚的疾病的女性，在女性短缺的形势下也进入婚姻市场，对我国的人口质量可能会构成潜

---

[1]　刘中一：《婚龄性别比失衡对社会运行和发展的影响——来自吉林省延边朝鲜族自治州农村地区的调查分析》，《东疆学刊》2005 年第 4 期，第 103—109 页。

在的威胁。

由于女性的紧缺,婚姻估值较低的男性不断降低自己的预期标准,甚至不惜冲破传统的观念习俗和法律规约,选择以较低择偶标准换取较高实质成婚机会的策略,这反映出他们强烈的成婚愿望。

(三)买婚

中国历史上性别比失衡引起的男性婚姻困难,曾导致了买卖婚姻、欺诈婚姻等非常态婚姻。如《广德州志》载《禁溺女》一文中,描述"土著既少处女,娶妇者势不得不挟货求之邻近州76县。奸匪从中诱致,路有线索,地有窝留。或指有夫之妇为墉婆;或认陌路之人为亲族;或变易姓名住址以防根究;或藏匿本夫至戚以图攘诈;种种奸欺,莫可究诘。知县下车半载,案已数十,挨厥由来,皆溺女所致。"①合肥"民间每买外来贩妇为妻,因此拐逃拆卖之案,控汗关拘纷纷不息。妇年有已至四旬而财礼尚多至七八十金及百金不等。细询其故,皆因女少男多,非重价不能买妇,是以奸徒牟利……因访得民间有溺女之习,是以渐见女少而稍贩因之,恶习相仍,流弊至此。"②

新中国成立以来,《婚姻法》从结婚年龄、双方意愿等方面为人们的婚姻行为提供了规范,并明令禁止买卖婚姻。在法律的强行规约下,买卖婚姻、早婚逐渐消失。但近些年来,在强劲的买方市场下,"一个'理性的单身汉'必须通过各种可能的途径在狂乱的婚姻市场中获得可以取胜的资源",③原本已基本消失的买卖婚姻得以卷土重来,并形成了拐卖妇女的地下产业链。

在一些女性资源稀缺的农村地区,购买婚姻正在成为大龄男青年实现

---

① 转引自张建民:《论清代溺婴问题》,《经济评论》1995年第2期,第75—82页。

② 《合肥县志》卷35《集文》,转引自张建民:《论清代溺婴问题》,《经济评论》1995年第2期,第75—82页。

③ [美]瓦莱丽·M.赫德森、[英]安德莉亚·M.邓波尔:《光棍危机——亚洲男性人口过剩的安全启示》,邱彰译,中央编译出版社2016年版,第196页。

婚姻、摆脱单身的一种策略行为。如江边村有许多家庭从贵州、湖北、云南等地购买媳妇并结婚生子。这一模式为单身汉提供了新动力，即赚到足够的钱去买媳妇儿回家。① 买婚无论对失婚男还是女当事人，都面临着重重风险。对失婚男而言，买卖婚姻存在被骗风险。在百度搜索栏输入"骗婚"二字，出现1650万条信息，足见骗婚现象之普遍。一些骗子利用失婚男渴望结婚的心理，导演出形形色色的骗婚招数。有的是媒人带着女孩前来相亲，收取几百甚至上千元辛苦费和见面礼后不了了之或以女方看不上为由拒绝继续交往；有的是女方在与男方交往后以种种理由要钱；有的是交网友后女方提出借钱；最严重的是交付了大额彩礼并结婚后，新娘失踪的情形，甚至有的在生子后失踪。

大坪村姚家被骗婚的事件在周边村落广泛流传。姚家大儿子姚上清27岁，父母早在2010年便为他修好了两层楼的新房。2017年春节过后，在务工地经人介绍，与自称江西籍的女青年尚某恋爱。恋爱3个月后，两人进入谈婚论嫁阶段。姚上清将女孩带回家，父母对未来的儿媳非常满意，便马不停蹄地进行新房装修，筹备婚礼。女方提出要16.6万元彩礼（这个数额在当地算较高标准），尽管男方家庭在装修新房上投入10多万后并不宽裕，但眼看着儿子年龄一天天拖大，也深知婚姻市场上女孩的紧俏，所以毫不犹豫地应允。婚礼前夕，姚家四处举债凑齐了彩礼，交付了新娘本人。在婚礼上，姚家收受了"人情"礼金7万多元。婚礼结束后，新娘要求掌管这笔钱。姚家为了不影响家庭关系，也悉数交给了她。岂知婚礼后一周，新娘带着彩礼和"人情"共20多万元失踪了。"连人情钱都骗走了""骗了20多万"成为这一桩新闻的爆炸性卖点，迅速传遍各村。村民在谴责狠心的骗子、同情姚家遭遇、责怪姚家大意的同时，摇头叹息这都是媳妇儿难找惹的祸，"如果好找媳妇儿，怎么会对媳妇儿百依百顺呢"。姚家报警后，才发现

---

① 彭大松:《村落里的单身汉》，社会科学文献出版社2017年版，第135页。

尚某在公安管理系统中并不存在,可见这场骗局蓄谋已久。姚家落得人财两空,负债累累。

　　几乎每位失婚男都遭遇过骗婚。由于孱弱的家庭经济经不起丝毫的风险,不少失婚男以高度警惕的心态提防着任何一个相亲的对象,"都是骗钱的,我才不上当呢"成为他们自我保护的心理盾牌,有的甚至杯弓蛇影。红树村村支书段有来介绍,有人给村里失婚男牟轮利(37岁)介绍媳妇,需要给媒人100元往返车费,但他怀疑是对方骗钱。石坎村村民高兴建为同村王扬(31岁)介绍一个贵州女孩,"这个女孩是我在福建打工的时候一个朋友的姑娘,我见过的,人家家里要8万元彩礼,这个本来是很正常的要求,但王扬就怀疑是骗婚,所以后来就没有见面"。过度的防范导致了一些婚姻机会的丧失。更严重的是,这些严防被骗的失婚男形成了对女性的刻板印象,认为女性都是"刮我的几个钱"的,甚至有仇女心结,"现在的女人都不踏实过日子……给我介绍的女的,都是想从我这里弄点钱的","现在的女的宁愿给有钱人当小三,不愿和我们过穷日子"。这些扭曲的观念严重伤害了女性群体形象,阻碍了和谐性别关系的构建。

　　对于女方而言,仅靠熟人介绍,在收到相应费用后,女方家庭把女儿交给男方,女当事人在婚姻缔结中毫无主体性;在男方生活期间,女性被严密监控和管束,没有个人自由和尊严。即便对婚姻生活不满意,她们由于无力返还高额的"礼金",因此不敢谈离婚。

（四）早婚

　　中国素有早婚的传统习俗。在中国性别比例失衡的婚姻市场,早婚在农村悄然盛行。面对婚姻市场男多女少的供需行情,一些养儿子的家庭未雨绸缪,早早地修好新房,创造好条件,先下手为强,为儿子在婚姻市场"抢"媳妇。一般男方18岁左右,女方16岁左右就开始进入婚姻市场,"都怕晚了找不到了","最理想的年龄是,十七八岁谈起,20岁结婚,晚了真的

不好找了"。(巷口村妇委会主任杨琦)

儿子一旦有了恋爱对象,家长便急匆匆地催促成婚;没有恋爱对象的男方,则四处请媒托人,去物色合适的人选。"现在这个形势(不好找媳妇),一定要趁早。年纪一大,就麻烦了。"(沿江村妇代会主任向红)今天 M 镇的农村青年与他们的父辈不同,在经过撮合并举行订婚仪式后,很快进入浓情蜜意的恋爱阶段(20 年前他们的父辈在订婚之后,仅有有限短暂的接触机会,肌肤之亲则是一种禁忌,基本上没有经过恋爱的过程)。每逢春节,在外务工的年轻人返家,则会迎来一股相亲潮。四面八方的男青年在媒人的带领下,来到女方家见面。据村民介绍,有姑娘的人家,过年前常常有人排着队来相亲。如果互相满意,男方往往速战速决,在春节期间就举行订婚仪式,甚至结婚仪式。春节结束后,则双双外出务工。由于达不到法定婚龄,他们往往通过礼俗的形式,如双方宴请亲朋好友,履行一些婚姻仪式,来完成社会对婚姻的确认,同居并生儿育女。按照现行的政策,上户口不再有任何前置条件。无论是否婚生,一孩都能办理户口,且不罚款。待年龄达标后再去补办正式的结婚登记手续,转正为法定夫妻。

男方家尽早提出结婚要求,主要是减少婚姻的投资成本,避免夜长梦多的变数。建立恋爱关系后,男方家庭会为儿子主动提供同居的条件,用当地人的话说是"让生米煮成熟饭"。在 M 镇,未婚先孕在 30 年前是头等道德丑闻,20 年前是伤风败俗,10 年前是有伤风化,今天却司空见惯。在 20 世纪 80 年代中期,双林村村民向德英结婚 3 个月后生下了儿子,这在当时成为轰动周边几村的丑事,成为其后几十年间村民的谈资,也成为涂抹在她身上一道抹不去的道德脏污。

就在 2016 年,向德英的小儿子的女友未婚先孕,她忙碌着为儿子的婚事奔波操劳,逢人就报喜"儿媳妇儿有了(怀孕了)"。访谈中,她对当初未婚先孕的过往并不遮掩,但对那个时代所遭受的舆论责难喊冤,"我大半辈子就是这个事抬不起头来……现在,这算什么事呢? 唉,那时候我受了好大的气,人言杀死人呢。还是现在好!"如今,风气的开化,未婚先孕的普遍化,渐渐冲淡了那段令她屈辱不堪的历史。

除了先发制人地争夺女性婚姻资源,"短、平、快"的结婚节奏对于男方父母而言,还意味着早点卸掉儿子"找不到媳妇"的压力,获得完成任务的安心。同时,趁自己年轻,尚有能力赚钱,可以早日还清结婚修房和彩礼的债务,积累更多的家庭财富,实现更多财富的代际传递,还可以帮衬着抚育孙辈。

对女方家庭而言,只要对男方的综合条件满意,也顺水推舟地成全婚事。既然今天乃至将来的很长时间内,农村婚姻市场都是典型的女方市场,女方为什么不延长择偶的观望期,增加遇到婚姻估值更高的男方的概率呢?从理论上讲,这是完全可能的。在这一问题上,村民们常挂在嘴边的一句话是"女大不中留",其潜台词是女儿到了谈婚论嫁的年龄就趁早嫁出去。女方行为背后的逻辑则耐人寻味。一方面,村里人的性观念已比较开放,年轻人的未婚同居,已婚人的婚外性行为,都能被村庄文化所宽宥;但另一方面,相对宽松的性文化又有着细微的男女之别:性对于男方是占便宜的事,对于女方是吃亏的事;未婚怀孕对于男方是脸上有光的双喜临门,对于女方则是多少有损颜面的不光彩事。在现有的社会大环境下,男方家庭会督促儿子外出交女友,甚至为儿子未婚同居创造条件。村中有几位男青年外出务工时带回媳妇儿、特别是有孕在身的媳妇儿,父母则喜形于色,并积极操办婚事。而女方家庭则顾虑重重:一方面,希望女儿外出长见识、见世面,增加择偶范围;另一方面,当女孩外出务工后,父母的管束已是鞭长莫及,年轻男女在亲密交往中发生性行为是情理之中的事。但女儿婚前同居、婚前怀孕对家庭声誉是一种或显或隐的损伤。因此,一旦男女的恋爱关系确定,女方家长也愿意在既成事实以前尽早成全婚事,"标标致致地嫁女"以维护家庭体面。

虽然自由恋爱已成风气,性观念也相对开放,由于性观念上的男女之别,村民特别是女方对自由恋爱还存在着一些误区,其自由主要指初次选择的自由。在建立恋爱关系之前,双方均有选择的自由。一旦恋爱关系确定之后,特别是有了亲密往来或同居事实之后,女方即便发现了男方的不如人意之处,大多数也会忍气吞声,而不是重新选择。石坎村16岁女孩汪小晴外出务工时与邻镇男青年邓光辉相恋并迅速同居。在日常生活接触中,小晴发现邓光辉不务正业,性格暴躁,对父母提出终止恋爱关系的想法,但遭到父母的坚决反对。迫于压力,17岁时小晴草草结婚并生子。但婚后丈夫的恶习不断暴露,与黑社会有染,还有偷盗行为,在孩子不到1岁时盗窃被抓,判有期徒刑5年。此事对父母打击很大,小晴本是家中的独女,由于对小晴的未来失去信心,小晴母亲以39岁年龄生下了二胎,以摊薄子女为自己养老的风险。

若男方提出分手,女方有时要求对方对自己"负责任"。白羊村19岁的女孩谭媛媛与邻村的男孩向畅自由恋爱并同居,后来男孩以性格不合提出分手,女孩母亲带着胞弟一行来到男方讲理,宣称"她已是你的人了,要对她负责任","我屋里姑娘来你家时是清清白白的,你把她害了,又不要了,那怎么行?"最后男方家庭做通了男孩的思想工作,在很短时间内操办了婚事。

如前所述,为应对婚姻市场上女性紧缺的局面,男性调整了择偶标准,将再婚(离异、丧偶)女性迎进了男性初婚市场,传统的贞操观念已慢慢淡化。有恋爱同居史的女性再次择偶,无论在理论上,还是实践中都不困难。但是,情感前史会导致女性的婚姻市场估值下滑,"现在年轻人一谈就在一起(同居)了,那就是男方的人了,还有什么可说的?对女娃儿要负责","如果在一起了又不结婚,今后条件好的人家,不愿意找这样的女娃儿"。(白羊村村支书李国明)尽管性观念较开放,但根深蒂固的双重贞操标准和观念仍有余温,有同居经历的女孩向上择偶的空间受限。对于女方而言,只要最终结婚,恋爱同居,甚至未婚先孕都在可接受范围内。

由上可见,在男多女少的婚姻市场,女方总体上处于游刃有余的主动地位,但双方的关系也是一个微妙的动态过程:在恋爱同居前,女方掌握绝对的主动,可在众多对象中游刃有余地挑选,并多要彩礼;一旦有了恋爱同居事实,男方的主动开始上升,并能够胸有成竹地讨价还价。水井村方小桐家请媒人到溪流村万小欣家说媒。见了几面后,两人互有好感,遂进入协商婚嫁具体事宜阶段。女方提出,"看人家"时给女孩 3 万元;结婚时男方将已修建的两层楼房进行整体装修,买一辆 10 万元以上的轿车,并给女方彩礼10 万元。男方二话没说,爽快应允。条件谈妥,双方依据当地习俗,举办了"看人家"仪式。其后,男孩经常将女孩接出去玩,两人发生了性行为并怀孕。怀孕 3 个月时,男方明确告诉女方家长怀孕事实,提出要尽早办理婚事。女方家要求男方履行前约,男方则表示,"时间太仓促,拿不出那么多钱来,要不然,就等我家慢慢把钱凑齐。你家能不能等?"显然是给女方出难题,因为孕龄越长,女方家越难堪。此时,女孩本人已与男方结成"统一战线",女方家庭没有退路,失去了左右婚事的能力。最终,男方花 5 万元草草将二楼装修,操办了婚宴,将婚事办妥。至于最初提出的轿车和 10 万彩礼的要求,则成为一张空头支票。这也可以解释女方家庭在订婚后缩短恋爱周期、力促结婚的行为,是早婚的女方动力。

早婚青年在过早体验婚姻的幸福时,也可能面临着现实的重重风险。一是婚姻磨合的艰难与失败。虽然小夫妻们都经过了自由恋爱,但有限的生活阅历、稚嫩的心理年龄,决定了他们不一定真正懂得爱情的真谛和婚姻的担当。在懵懵懂懂中走进婚姻的年轻夫妻们尚难以去面对处理复杂的夫妻关系、家庭关系。村中常有小夫妻闹得不可开交、要求离婚的案例,甚至在怀孕期间女方离家出走、解除婚约的也不在少数。2014 年,王寨村年仅17 岁的江小桃在一次外出游玩中与邻镇 19 岁的王宏宇相识相恋,半年后举行了婚礼。结婚后两人相伴到福建打工,小桃性格开朗,交际较广,经常与朋友喝酒吃饭、K 歌跳舞,几乎每月"月光"。王宏宇则认为既然结了婚,就应该攒钱还结婚时修房、彩礼所欠的债，不能太铺张。江小桃则回应称还债是公婆的事，与她无关。为此两人经常发生争吵，甚至王宏宇还对江小桃动了手。结婚一年后，江小桃提出了离婚，但王宏宇要求女方赔偿青春损失费、彩礼和修房费用共 30 多万，并施加人身威胁。后俩人在双方家庭的劝说下和好，但迥异的消费观念始终是横亘在夫妻间的"火药桶"。许多村干部也反映，各村"今天拜堂成亲，明天离婚走人"的现象较普遍。少不更事的爱情难以承受婚姻之重，短暂的激情也难以扛起长长一生的托付。

二是养育孩子的无知与无力。在村庄，常可见稚气未脱的年轻女孩挺着大肚子，或怀抱婴儿的场景。在孕育、哺育期结束后，年轻的小夫妻会将孩子留给父母，自己到外面去务工。由于涉世未深，为人父母的年轻人尚难以体会亲子关怀，难以意识到责任担当，难以承担起养育的琐碎。双塘村郑昕慧 18 岁时经人介绍与白虎庄村肖艾林恋爱，3 月后怀孕，身孕 5 个月时回家结婚，生下女儿时不到 19 岁。郑昕慧的婆婆说：

> 挺好大个肚子两个人还骑着摩托车到处玩……生了后也不管孩子，就只顾自己玩手机，孙女从出生到现在都是我带的，晚上都是我带着睡……有一次我到地里去种苞谷，不在屋里，等我中午回来时，看到媳妇儿在玩手机，和别个在手机上嘻嘻哈哈，孙女在哭，满屁股都是屎……没得办法，她自己就还是个娃娃，怎么会引（指照顾）娃娃呢？

M 镇石坝村 19 岁的蒋小旭在外出务工期间认识了湖北长阳 17 岁的女孩刘洋洋，双方建立恋爱关系，半年后回家举行了婚礼。婚后不久，刘洋洋就怀孕了。刘洋洋此前在电子厂务工，为了防范孕期辐射，洋洋回到了婆家养胎生育，而蒋小旭则继续留在深圳务工。分居两地的年轻夫妻难解相思之苦，在孩子满月后，刘洋洋就将孩子留在家里，自己去了丈夫身边。蒋小旭的妈妈回忆说：

> 年纪轻，自己都还是个娃娃儿，哪里会引孩子哟？孩子生下来后，媳妇儿就要我去买奶粉喂，我说有奶水就喂奶水，又不花钱，又方便，但她说她满月就要走，免得孩子不适应。所以我的孙子一天奶水也没有喝过。他们只管生，不管养的。疼还是知道疼，总是打电话回来问，寄东西回来，就是不想养。过年回来时也只是逗一逗，真的有什么事情，喂饭呀，洗澡呀，就不想弄。娃儿笑的时候很喜欢，一哭闹，就往我这里甩。

一个合格的父母应该具备爱与担责的意识和能力，而这种意识和能力离不开年龄所承载的阅历和认知。早婚早育的年轻人从小孩到父母快速转换的生命履历，将他们置于极其尴尬的角色交错中——在父母面前，还是乳臭未干的孩子；可在孩子面前，又要成为遮风挡雨的父母，这双重角色的错乱让他们无所适从。大量研究表明，孩子成长过程中需要父母的深度参与，父母的隐性缺位，对孩子的人格心理、情感发育极其不利。

三是个人发展的受阻与无冀。由于过早进入婚姻生活，经济的困窘、养育孩子的压力磨灭了年轻人本应该有的朝气和理想，年纪轻轻就沉沦在生计的圈子里，失去了向上仰望的能力与动力。旺兴村谭宏也是早婚一族，18岁时与江源村同龄的郑月月结婚，19岁时两人生育一子。生育后，两人留下孩子外出务工。两人每月共收入 6000 多元，扣除房租、生活后，还能剩下近 3000 元。夫妻俩商量好，打拼几年，筹足本钱后在村里办一个幼儿园。可去年孩子一场大病，自费了 4 万多元，俩人不仅没存下钱，还背上了 2 万元的债务。为了还债，夫妻俩的创业规划无限期搁浅。

一项对 X 市和全国百村调查也显示：在婚姻挤压下，经济较差地区的农村人口早婚的可能性更高，男性更易采取早婚策略以抢占婚姻市场的女性资源。① 这说明,M 镇的情形不是特殊现象。如何避免早婚,如何规避早婚风险,值得有关部门及年轻村民深思。

有研究还发现了一些其他的非常态婚姻形式,如租妻、一妻多夫、招养夫婚、童养媳婚、换亲等,②但在 M 镇并未发现这些婚姻形式。

二、性的越轨行为

"性的关系是一种很原始的关系……这种强烈的冲动可能销毁一切后起的、用社会力量所造下的身份",③"性可以扰乱社会结构,破坏社会身份,解散社会团体"。④ 由于失婚男的性能量无法在婚姻关系内合法释放,累积到一定程度必然寻找其他渠道宣泄爆发。这些渠道主要包括性骚扰甚至强奸等暴力犯罪,婚外性关系和嫖娼。

(一) 性犯罪

性欲求是人类本能的需求,也是最强劲的犯罪原动力之一。性犯罪是指以性行为为手段、以满足性欲求为目的、须由刑事法律进行规制的行为,包括强奸、猥亵、乱伦、与幼女发生性行为(部分国家拓展至幼童)等。性犯罪成为受挤压男性释放性需求的恶性越轨途径。有调查表明,处于无配偶状态的人群由于缺乏正常的性能量释放通道,在性犯罪人群中所占比重较大。如山东省潍坊市分析立案侦查的 72 起发生在农村的强奸案,罪犯中

---

① 靳小怡、李成华、李艳:《性别失衡背景下中国农村人口的婚姻策略与婚姻质量——对 X 市和全国百村调查的分析》,《青年研究》2011 年第 6 期,第 1—10 页。
② 姜全保、李树茁:《女性缺失与社会安全》,社会科学文献出版社 2009 年版,第 115—222 页;彭大松:《村落里的单身汉》,社会科学文献出版社 2017 年版,第 121—158 页。
③ 费孝通:《乡土中国　生育制度》,北京大学出版社 1998 年版,第 142 页。
④ 费孝通:《乡土中国　生育制度》,北京大学出版社 1998 年版,第 140 页。

44 人是年龄在 25 岁至 32 岁的单身汉。① 在一项对贵州 221 个村庄的调查中,近三年共发生 228 起强奸、通奸、乱伦、嫖娼等与性直接有关的违法犯罪与违背伦理道德事件,其中 82 起与 30 岁及以上大龄未婚男性有关,占总发生数的 35.97%。②

在 M 镇,2000 年以来,进入司法程序、公开为人所知的性犯罪案件并未增多。2014 年,石坎村发生一起强奸案。54 岁的失婚男杨金武,多次在家门前的玉米地里强奸同村本族的 50 岁聋哑已婚妇女杨金花。由于杨金花不会说话,尽管万分屈辱,却也无可奈何。有一次,大女儿打工回家,杨金花比画着告诉了她。为了搜集证据,有一天,大女儿悄悄躲在玉米地里,亲眼目睹了杨金武的兽行,并报了警,此事才曝光。杨金武被判刑 6 年。

不少村都有一些类似的传闻,这些受害者分布在不同年龄段,属自我保护和防范能力弱的智障、残疾、未成年女性特别是留守女童。性犯罪表面上看是对女性特定身体部位的侵犯,实质上是对女性的性自主权和人格尊严的致命摧残。在有的性犯罪案中,怕奸情败露而杀害受害者的案例屡见不鲜,有些性犯罪对女性的身体造成了严重伤害。除了身体和生命方面的损伤外,性犯罪对女性精神的打击到了无以复加的地步,有的受害人由此产生强烈的羞辱感、恐惧感,并终生笼罩在受辱的阴霾中,有的承受着世俗的贞操偏见,有的恋爱婚姻失败,有的甚至选择自杀的极端行为。

(二)嫖娼

对于失婚男,人生际遇在关闭他们婚姻大门的同时,也关闭了他们合法性关系的大门。嫖娼则是失婚男在紧闭大门之侧,打开的一扇宣泄性能量的隐蔽窄窗。

---

① 蔡建文:《中国新生儿性别失调现象调查》,《记者观察》2003 年第 3 期,第 3—7 页。
② 杨斌:《农村男性弱势群体的婚姻边疆化问题研究——以贵州为例》,中国社会科学出版社 2010 年版,第 184 页。

1. 娼妓：一种古老的职业

娼妓作为一种社会职业和社会身份，在中国历史上曾长期存在。根据组织经营机构的性质，娼妓可分为官妓和私妓。其中，官妓始于春秋时齐国管仲所设的"女闾"，据载："齐桓公宫中七市，女闾七百，国人非之。"①随后，官妓的种类和范围逐渐增加，在官妓的基础上发展起了营妓，并在唐宋元明时期达到了鼎盛。唐初，统治者设置了执掌娼妓的专门机构——教坊。教坊有内教坊和左右教坊之分，内教坊是皇帝游幸的地方，左右教坊是新科状元、进士、三司、幕僚享乐的地方。这一机构成为定制被后代所沿用，直到清初以法律形式废除，至此官妓制度在中国延续了两千多年。

表面上看，官妓是最高统治者对下属官吏尽忠效劳的一种奖励，但实质则是统治者维护统治的一种手段。龚自珍曾尖锐揭露统治者设官妓的目的是"箝塞天下之游士"，"使之耗其资财，则谋一身且不暇，无谋人国之心矣；使之耗其日力，则无暇日以谈二帝三王之书，又不读史而不知古今矣；使之缠绵歌泣于床笫之间，耗其壮年之雄才伟略，则思乱之志息，而议论图度，上指天下画地之态益息矣；使之春晨秋夜为窈体词赋、游戏不急之言，以耗其才华，则议论军国臧否政事之文章可以毋作矣"②。

关于私妓的史料记载可追溯到魏晋南北朝时期。梁简文帝《乌栖曲》云："青牛丹毂七香车，可怜今夜宿娼家。娼家高树乌欲栖，罗帷翠帐向君低。"③诗中所反映的就是私娼营业的场景。至宋代，私妓已较普遍。据孟元老《东京梦华录》记载，仅东京城就有数十处妓馆娼楼。到明代，私妓更为兴盛，《五杂组》称："今时娼妓布满天下，其大都会之地，动以千百计。其他穷州僻邑，在在有之。"④

---

①　《战国策·东周策》。

②　龚自珍：《京师乐籍说》，载《龚自珍全集》，上海人民出版社 1975 年版，第 118 页。

③　《全汉三国晋南北朝诗·全梁诗》卷一。

④　谢肇淛：《五杂组·人部四》。

妓业供给侧的兴盛,从一个侧面反映了需求侧的强旺。如前所述,历代都存在着严重的性别比失衡,大量的失婚男构成了对娼妓的无限需求,是底端娼妓稳定的主顾。"下等娼妓的顾主不是达官显贵,而是不能正常婚配的穷困潦倒的光棍。……对于底层光棍来说,娼妓是他们合理合法宣泄性欲的对象"。① "最悲惨的是四等妓院,破瓦寒窑,上炕脏被,这里的妓女年龄都较大,长相又不好,故身价低廉,被人称作'窑姐',是没钱娶老婆的车夫、脚行、理发馆和澡堂子里的工人经常光顾的地方。"②失婚男长久集聚的性能量亟须一个释放渠道,而大量下层女性亟须通过性的交易赚取微薄的收入以养家糊口,供需两旺的性产业由此蓬勃发展。

性产业的兴盛从民国初期的相关数据也可以佐证。以上海公共租界为例,1915 年和 1920 年成年男性对女性的比例分别为 1.72∶1 和 1.60∶1。③城市性别比例严重失调产生了对娼妓的病态需要,成就了娼妓业的鼎盛巅峰。据 1920 年工部局统计,上海有妓女 60141 人,分属长三、么二、野鸡、花烟间钉棚四个等级。④ 1917 年,英国社会学家 S.D.Gamble 曾对世界八大都市的公娼人数和城市总人数的比例进行了统计,结果如表 9 所示。⑤

表 9　世界八大都市公娼人数与总人数比例

城市	公娼与城市总人口的比例
伦敦	1∶906
柏林	1∶583
巴黎	1∶481

① 姜全保、李树茁:《女性缺失与社会安全》,社会科学文献出版社 2009 年版,第 44 页。
② 谭朝霞:《北京改造妓女纪实》,《档案时空》2004 年第 11 期,第 19—21 页。
③ 参见孙国群:《旧上海娼妓秘史》,河南人民出版社 1988 年版,第 16 页。
④ 参见王书奴:《中国娼妓史》,岳麓书社 1998 年版,第 229 页。
⑤ 参见杨洁曾、贺宛男:《上海娼妓改造史话》,上海三联书店 1988 年版,第 1 页。

续表

城市	公娼与城市总人口的比例
芝加哥	1∶437
名古屋	1∶314
东京	1∶277
北京	1∶259
上海	1∶137

由上可见,民国初年北京、上海的娼妓比例居世界之首。

近代以来,对于娼妓制度的或存或废,一直争论不休。挺娼派认为,婚姻虽是满足性欲的合法途径,但它的满足程度却有限,因而需要一种制度来辅助婚姻制度。娼妓制度恰好就是作为满足男性本能欲望的补充物而出现的,娼妓的存在缓解了男性的性饥荒,减少了诱奸和强奸的发生,保证了良家妇女免受其他男性的性侵犯,因此娼妓即使被认为是"罪恶",也是"必需的罪恶"。还有观点认为,男性性欲的积蓄会酿成各种社会问题,娼妓为男性随心所欲地纵欲提供了对象,用少量的女人就可以满足多数男性的性欲。因此,娼妓的存在是维护社会安定的需要。

倒娼派则从不同角度抨击娼妓制度。恩格斯曾经对资本主义制度下的卖淫制度进行了猛烈的批判,认为卖淫"在道德上对男子的腐蚀,比对妇女的腐蚀要厉害得多。卖淫只是使妇女中间不幸成为受害者的人堕落,而且她们也远没有堕落到普通所想象的那种程度。与此相反,它败坏着全体男子的品格。"①新文化运动时期,理论界还掀起了一股废娼的高潮,《晨报》《民国日报》《益世报》《妇女杂志》《新妇女》《解放画报》《妇女声》《女星》等报纸杂志纷纷参与这一讨论。一些新文化运动的健将李大钊、王书奴等人,从人道主义、女性地位、公共卫生、社会风气等各方面分析与阐述废除娼

① 恩格斯:《家庭、私有制和国家的起源》,载《马克思恩格斯选集》第4卷,人民出版社2012年版,第86页。

妓的必要性。但是,由于当时中国面临的首要问题是国民革命,废娼呼声很快便湮没在国民革命的声浪中。新中国成立后,新生的社会主义政权"把她们(指娼妓)看作危险地漂离了正当的社会位置,既是一个纷乱无序的社会的受害者,同时又是造成这种社会纷乱的成因",①在百废待兴的时局下,政府毅然把废娼作为首要任务,"新中国决不允许娼妓遍地,黑道横行,我们要把房子打扫干净。"自此,禁娼运动有声有色、如火如荼地开展,在短短几年间,在中国有着几千年历史的娼妓基本消失。

2. 地下性产业:尴尬的存在

在改革开放和社会主义市场经济条件下,娼妓这一早已绝迹的现象又死灰复燃。只不过"娼妓"语词已被失足女、小姐所替代,卖淫、嫖娼分别成为性产业的卖方和买方行为的专业用语。地下性产业的真实存在,对中国政府是一个极大的挑战。

社会主义制度作为人类最先进的社会制度,是不允许卖淫现象发生的。马克思主义经典作家对资本主义制度下的卖淫进行过激烈的批判。恩格斯曾指出,"公妻制完全是资产阶级社会的现象,现在的卖淫就是公妻制的充分表现。卖淫是以私有制为基础的,它将随着私有制的消失而消失"②,"卖淫是资产阶级对无产阶级的最明显的直接的肉体剥削,这使得'产生行动的心中痛苦'及其淡而无味的道德杂碎汤遭到破坏,它燃起了复仇的火焰,激起了阶级仇恨",③尖锐指出是资本主义社会生产把无产阶级妇女逼成妓女,将卖淫与资本主义私有制联系在一起。而"随着生产资料转归社会所有,雇佣劳动、无产阶级,从而一定数量的——用统计方法可以计算出来

---

① [美]贺萧:《危险的愉悦:20世纪上海的娼妓问题与现代性》,韩敏中、盛宁译,江苏人民出版社2003年版,第304页。

② 恩格斯:《共产主义原理》,载《马克思恩格斯文集》第1卷,人民出版社2009年版,第690页。

③ 恩格斯:《"真正的社会主义者"》,载《马克思恩格斯全集》第3卷,人民出版社1965年版,第664页。

的——妇女为金钱而献身的必要性,也要消失了。卖淫将要消失……"[1]
"不言而喻,随着现在的生产关系的消灭,从这种关系中产生的公妻制,即
正式的和非正式的卖淫,也就消失了",[2]即卖淫的消灭、妇女的解放和无产
阶级的解放是同步的。

不仅如此,马克思恩格斯还把男女两性关系,作为人的社会关系和人的
本质的重要内容,"拿妇女当作共同淫欲的虏获物和婢女来对待,这表现了
人在对待自身方面的无限的退化,因为这种关系的秘密在男人对妇女的关
系上,以及在对直接的、自然的类关系的理解方式上,都毫不含糊地、确凿无
疑地、明显地、露骨地表现出来。人对人的直接的、自然的、必然的关系是男
人对妇女的关系。在这种自然的类关系中,人对自然的关系直接就是人对
人的关系,正像人对人的关系直接就是人对自然的关系,就是他自己的自然
的规定。……男人对妇女的关系是人对人最自然的关系。因此,这种关系
表明人的自然的行为在何种程度上是合乎人性的,或者,人的本质在何种程
度上对人来说成为自然的本质,他的人的本性在何种程度上对他来说成为
自然。这种关系还表明,人的需要在何种程度上成为合乎人性的需要,就是
说,别人作为人在何种程度上对他来说成为需要,他作为最具有个体性的存
在在何种程度上同时又是社会存在物。"[3]在这里,马克思从本质、行为和需
要这三个维度,通过"人的本质"与"自然的本质"、"人的行为"与"人的自
然的行为"、"人的需要"与"人具有的需要"这三对概念,阐述了人是从"自
然的本质"上升为"人的本质",从"自然的行为"演进为"人的行为",从"人
具有的需要"擢升为"人的需要"的过程。他肯定了人的双重属性预设,即

---

① 恩格斯:《家庭、私有制和国家的起源》,载《马克思恩格斯选集》第4卷,人民出版社
2012年版,第87页。

② 马克思、恩格斯:《共产党宣言》,载《马克思恩格斯选集》第1卷,人民出版社2012年
版,第419页。

③ 马克思:《1844年经济学哲学手稿》,载《马克思恩格斯文集》第1卷,人民出版社
2009年版,第184—185页。

男女性别关系是"自然的类关系",具有自然和社会双重属性:一方面,这种关系的自然性决定了人与动物相类同;另一方面,这一关系的社会文化性又决定了人与动物相别异。所以,这种关系能够表明人在何种程度上成为人,以及在何种程度上把自身理解为人。马克思也赞同并引用了傅立叶"在任何社会中,妇女解放的程度是衡量普遍解放的天然尺度"①这一句话,指出"生产者阶级的解放是不分性别和种族的全人类的解放。"②由此可见,马克思恩格斯所理解的女性解放既是阶级解放,也是社会解放,是理想社会的基本特征。而卖淫与社会主义条件下女性解放的要求相背离,也扭曲了社会性别关系,因而是社会主义革命的对象之一。

经过社会主义革命进而建立起社会主义制度的中国,始终以马克思主义为指导思想,马克思主义妇女观也是其中重要内容。允不允许卖淫的公开合法存在,是判断国家性质的重要标准之一,中国特色社会主义的主流意识形态决定了不允许色情业的发展。因此,从这个意义上看,性交易合法化在中国绝无可能。

此外由于性与人格塑造和基本人权紧密相关,而且牵涉到家庭制度、伦理关系、社会风尚和公共卫生,因此性产业无法像其他普通商品一样进入自由市场交易。世界绝大多数国家都厉行禁娼,即便是在卖淫合法化的德国、英国,对从业者也有着极其严格的规制,但是仍产生了不低于禁娼国家的问题。

正是基于此,中国政府采取道德管控和法律制裁并用的手段来治理性产业。道德管控借助于强大的影响力将卖淫嫖娼斥为不堪的行为,在各层级的法律中,也将其纳入管辖的范围。《中华人民共和国治安管理处罚法》

---

① 马克思:《神圣家族》,载《马克思恩格斯文集》第 9 卷,人民出版社 2009 年版,第 276 页。

② 马克思:《法国工人党纲领导言(草案)》,载《马克思恩格斯文集》第 3 卷,人民出版社 2009 年版,第 568 页。

第六十六条规定：卖淫、嫖娼的，处十日以上十五日以下拘留，可以并处五千元以下罚款；情节较轻的，处五日以下拘留或者五百元以下罚款。在公共场所拉客招嫖的，处五日以下拘留或者五百元以下罚款。同时，根据《卖淫嫖娼人员收容教育办法》，对卖淫嫖娼人员进行收容教育，目的是"为了教育、挽救卖淫、嫖娼人员，制止性病蔓延"，方式是"对卖淫、嫖娼人员集中进行法律教育和道德教育、组织参加生产劳动以及进行性病检查、治疗的行政强制教育措施"，期限为六个月至二年。

但是，另一方面，中国又有着性产业供需方的结构性存在。作为对 20 世纪五六十年代去性化和性压抑的反叛，改革开放以来的话语政治将性建构成超乎政治控制之上的自然天性，所谓"饮食男女，人之大欲存焉"。除了生理上的自然需求，性欲望还是社会建构的产物。在中国传统的性观念及性别关系格局的影响下，性欲望主要体现为男性对女性的性占有。能否实现性的生理欲望，生理欲望的满足程度，以及完成生理欲望的对象身份等，都成为建构并灌注男性身份、男性气质的重要内容。婚姻是实现性需求的合情合理合法渠道，地下性产业则是男性于婚姻之外追逐性愉悦的补充方式。

地下性产业的买方市场是一个层级复杂的系统。已婚男性的买性，是以无限膨胀的性欲望、性刺激、性享乐为内驱力；未婚状态的买性，则是以性匮乏为内驱力。前者是弹性需求和相对需求，在条件不具备的情况下，有婚姻内的性对象这一释放需求的渠道；后者是刚性需求和绝对需求，当条件不具备的情况下，转化为性压抑、性犯罪或其他犯罪的可能性更大。婚姻市场人口性别比失衡，一定数量的男性无妻可娶、无法通过婚姻满足性欲望，从而产生一个偌大的性需求市场，催生出一个与其身份、价位相当的地下性服务产业。从一定意义上说，买性是失婚男释放性欲望的一种有效的弥补和替代方式，婚配困难与低端性产业的发展是一对孪生子。

有需求，就会有供给。性产业的供给方也是一个层级众多、构成复杂的系统,既有为生活所迫卖身维生的动力,也有趁青春赚快钱以掌握未来人生、摆脱人身依附的动力,一些女孩认为"青春和美貌是自己的资本;这是不宜久藏、过期作废的资产,所以她们打算现在充分使用,用以积攒耐用的资本"。① 潘绥铭在 20 世纪末,对中国地下性产业进行了深入调查,他将地下性产业的女性从业者分为七个层级:处于顶端的是"二奶"阶层,她们表面上常常以小老婆的身份存在,计时收费,但她们所提供的主要是性服务而不是情感生活、生儿育女、居家过日子;第二层是"包婆",她们并不长时间地跟嫖客一起同居生活,只是在一次出差期间或一段业务时间内被"包下来";第三层是那些活跃于"三厅"(歌厅、舞厅、餐厅)里的"陪女";第四层是"叮咚小姐",她们自己租房间,相对固定地住在一个宾馆里,通过电话拉客,如果男人有意向,她们就会"叮咚"地按一下门铃,进来交易;第五层是"发廊妹""按摩女",她们以洗头、按摩或者"洗脚"为名,在各种发廊、桑拿浴或"洗脚屋"之类的地方营业;第六类是"街女"或"街妹",她们往往在宾馆门前、电影院或者其他娱乐场所的大门外拉客;第七层是"下工棚"或者"住工棚"的女人,她们主要与外来民工交易,其中有些是偶尔为之或者"兼营副业",有些则是跟一伙民工住在一起。她们是卖淫女里的"贫下中农",有些人仅仅是为了找一口饭吃。② 层级的划分不是她们自主选择的结果,而是依据年龄、相貌、气质、谈吐、情趣、性格、教育等综合条件自动筛选和定位。供给方的层级与被消费价码成正比,买方根据自己的支付能力选择相应的层级进行交易。

3.找小姐:片刻的欢愉

改革开放以来,性欲自然化和性匮乏降低了失婚男进行性交易的道德

---

① 贺萧:《危险的愉悦:20 世纪上海的娼妓问题与现代性》,韩敏中、盛宁译,江苏人民出版社 2003 年版,第 367 页。

② 潘绥铭:《存在与荒谬——中国地下"性产业"考察》,群言出版社 1999 年版,第 23—24 页。

压力。随着婚姻挤压越来越严重,通过建立婚姻来满足性需求的可能性越来越小,失婚男更有可能找寻非婚性行为作为婚内性行为的替代方式,地下性产业则为这一替代方式提供了可能。

> 找不到媳妇儿,只好找小姐。我是个男人,如果一辈子连女人都没碰一下,那不白活了?(江源村刘西凯,35 岁)

> 我不瞒你,我找过小姐。我们工地上,有媳妇儿的都去玩过小姐,我们找不到媳妇儿的去玩小姐,不很正常嘛?(双林村何锐,36 岁)

> 我们搞建筑的,晚上吃完饭,就没有事情了,没得电视看,打牌吧,输赢太大,玩不起。没有事做,就躺在床上,躺在床上就想入非非……折磨人……我一天辛辛苦苦做事,为了什么呀?要让自己过舒服点儿,想去(找小姐)就去了。(白虎庄村姚元泽,41 岁)

> 我一个平民老百姓,管不了那么多,拿自己的钱,让自己开心,又不害人害社会。(白虎庄村刘同林,41 岁)

在以上案例中,道德压力在与生理需要的博弈中败下阵来,通过经济支付"找小姐"来满足生理欲求,在他们看来,是具有合理性的行为选择。

一位长期分管工地的建筑商认为,在他所管辖的工地上,失婚男找小姐的现象很普遍,每次发工资后,大家相约去"找小姐",这在工友们看来不是什么见不得人的秘密。在外人面前,有些人是敢做不敢说,有些人是敢说不敢做。一位建筑行业的小包工头手下有着相对固定的工人,对工人的情况十分了解。他手下的 8 位失婚男年龄从 30 岁到 45 岁不等,平均一年有五六万元的收入,他们经常去"那些场所",大家心知肚明,也理解他们。有的失婚男收入的 1/3 以上都消费在"找小姐"上了。"在外头打工十几年,没有拿回来什么钱,你说钱去哪里了?还不是嫖了",团结村村支书吴海涛判断道。几乎所有的村支书都提出了类似的揣测。

潘绥铭对湘黔交界处某金矿区性产业的考察发现,身为民工的客人是大多数。民工成为性产业消费的主体,经济上的原因在于民工有强烈的"富余钱幻觉",即他们手头有随时随地可任意支配的钱。一些较年轻的民工,尤其是一些还没有结婚的民工,一下班就换衣服、梳洗打扮,收拾得衣冠楚楚,来到性交易场所,表现出有钱的派头,以免被小姐瞧不起或丢人现眼。① 但在 M 镇的实践中,"富余钱幻觉"只是失婚男眷顾性场所的基本条件,其动力主要来自性需求以及建构男性身份的需求。

在男人扎堆的彩钢板工棚或工厂的简陋集体宿舍里,一到晚上,没有文化娱乐活动,没有正常的家居生活,躺在床上闲聊是大多数人在大多数时间的常态。而性则是闲聊的主要话题。相比其他渠道,"找小姐"是最简单而且最刺激的性欲望满足方式,也是失婚男最青睐的方式。环境对人有着巨大的形塑力,"言性为欢"的工棚文化很易赦免"找小姐"的道德亏欠,扫除性交易的道德障碍。"找小姐"即使不那么冠冕堂皇、正大光明,甚至是道德瑕疵,但也是男人间吹牛的资本、男性气质的表现。有些失婚男甚至会将某些细节作为谈笑的资本。这既是一种愉悦体验的反咀,也是融入男性文化圈的手段。

对于失婚男"找小姐"的行为,村民们普遍认为是对失婚的一种补偿,并表示理解和宽宥。

> (找小姐)也可以理解,这么大年纪,找不到媳妇儿,估计今后也找不到,他总要有点儿享受吧。不然,活得多没意思呀,图个什么呢?(溪流村村支书向天华)

> 我个人觉得,对于他们这样(被动单身)的人,本来已经很不幸了,

---

① 潘绥铭:《存在与荒谬——中国地下"性产业"考察》,群言出版社 1999 年版,第 388—398 页。

只要不危害社会,其他的都可以。(找小姐)可以,他自己挣钱自己花,有什么不可以的?(白羊村村支书李国明)

失婚男大多表现出对政府"扫黄"行为的不理解:

听说外国找小姐是合法的,有专门的红灯区,不晓得我们中国为什么要管,为什么中国在这方面不学外国呢?(大坪村向树华,39 岁)

有人说"扫黄"是公安局搞创收,抓一个罚几千块。有几个人(被)抓到过,罚了 3000 块钱,还拘留了 10 天。(江源村毛泽树,33 岁)

可见,在以"找小姐"作为"性匮乏"补偿的失婚男眼里,"扫黄"是扫性扫兴,是对自己有限欢娱的干扰。

至于留在村中的失婚男嫖娼,也是村民心照不宣的秘密。据许多村干部和村民反映,当地集镇上就有两家经营色情业的商铺,当地人称这种地方为"土包厢",一次只需 20—30 元,即便是在 C 市县城里,一次也只需 100元左右。"镇上有一家卖包面的,有一次我们一个干部在那里吃了一碗包面(即馄饨),付钱时,老板娘问要不要上楼耍一下,这才知道这个地方是以卖包面为名,做这个事的",一名镇干部介绍道。

根据相关的专题研究结论,由于生殖健康知识的匮乏,农村大龄未婚男性没有判断和选择安全性伴侣的意识和能力,无保护性行为发生率非常高,四分之三以上的未婚男性在首次和最近一次性行为中没有采取安全保护措施,多性伴侣行为、性交易行为和同性性行为的比例显著高于已婚男性,并且有 84% 的未婚男性意识到了他们的性伴侣还可能有其他性伴侣。发生过性交易行为的农村大龄未婚男性对艾滋病知识、性病知识和安全套使用知识掌握情况很差,识别风险和防范风险的能力较弱,这使他们面临非常严峻的健康风险。如果性病/艾滋病进入这个群体,他们在高风险人群和普通人群之间架起一座桥梁,可能给 HIV/STIs 的传播和扩散带来便利。① 有研究发现,中国艾滋病增例大幅上升,大多数新病例不在传统高危人群(如静脉注射吸毒者和前血浆捐献者)中,而是性传播。其中,高性别比例导致部分男性结婚越来越困难,他们更有可能购买性。② 性的商业交易"与性病、艾滋病传播等公共卫生问题存在紧密联系。大量的研究都证明了无保护的商业性行为是造成性病、艾滋病传播的主要途径之一",③商品化的性"不仅会影响其自身的健康,还会对社会公共卫生管理带来威胁"。④ 有学者甚至预测:中国农村的失婚男将成为 HIV 感染和传播的高危人群。⑤ 可见,失婚男的地下性行为是一种高危行为,为性病传播和传染疾病蔓延提供了温床。近年来,中国艾滋病的发生已从血源传播为主转向性行为传播为主,且在地区分布上以农村贫困地区为主,在人群分布上以农村青壮年男性为主,失婚男处于感染性病/艾滋病的高风险之中。已有研究还显示,性别失衡背景下,中国农村大龄未婚男性的男男性行为具有高风险特征;而对于相关知识的缺乏、安全套的可及性等是高风险行为发生的重要影响因素。⑥ 在本研究中,尚没有发现男男同性性关系案例。

---

① 张群林、李树茁、[法]阿塔尼·伊莎贝拉:《中国农村大龄未婚男性:性现状、性风险和性安全》,社会科学文献出版社 2015 年版,第 127—139 页。

② Avraham Ebenstein, Ethan Jennings, Bare Branches, Prostitution, and HIV in China: A Demographic Analysis.In Gender Policy and HIV in China, 2009(22).pp.71-94.

③ 杨雪燕、[法]阿塔尼·伊莎贝拉、李树茁:《性别失衡背景下大龄未婚男性的商业性行为——基于中国农村地区的研究发现》,《人口学刊》2013 年第 1 期,第 44—56 页。

④ 张群林、李树茁、[法]阿塔尼·伊莎贝拉:《中国农村大龄未婚男性:性现状、性风险和性安全》,社会科学文献出版社 2015 年版,第 7 页。

⑤ Tucker, J.D., G.E.Henderson, T.F.Huang, W.Parish, S.M.Pan, X.S.Chen, and M.S.Cohen. Surplus men, sex work, and the spread of HIV in China.AIDS.2005, 19(6), pp.539-547.

⑥ 杨雪燕、[法]阿塔尼·伊莎贝拉、李树茁:《大龄未婚男性的男男性行为及其对公共安全的意义:基于中国农村性别失衡背景的研究发现》,《中国软科学》2012 年第 5 期,第 58—67 页。

（三）婚外性行为

有学者对清代有关婚姻家庭类刑事命案的历史档案考察时发现,"晚婚(注:指事发时未婚)当事人往往采取偷情、嫖娼,甚至强奸等措施来得到性的满足"。具体地说,在与婚外性有关的命案中,在婚姻状况明晰的398位男性中,已婚为104件,所占比例为26.13%;未婚为294件,比例为73.87%。其中,25岁以上男性占绝大多数,比例为79.93%;30岁以上者占56.12%。而在强奸案中,107件婚姻状况明晰者中,已婚为43件,占40.19%;未婚为64件,占59.81%;而25岁以上未婚者有43件,占未婚者总数的67.19%,即强奸案件中未婚男性也是主流。男性晚婚者的大量存在一定程度上构成对正常婚姻秩序的冲击。他们设法通过违规行为来打破禁区,弥补未婚生活的缺失。既然因此酿成的命案如此之多,想必其他未引发冲突、命案的奸情不在少数,由此使男女在婚姻之外的两性关系禁闭难以形成,至少使严厉的"大防"松弛下来。它无疑对传统道德的维系产生了冲击和威胁作用。① 一项对清代403宗民刑案例的研究发现,单身男性"不管家乡有无妻室,由于长期鳏居,往往是私通行为中的最积极者","在私通中,男子未婚者所占比例较高"。② 由此可见,至少在清代,婚姻过剩男性对婚姻家庭稳定、女性安全构成较大威胁。

"若让性爱自由地闯入已有的重要社会关系中,它不但可以破坏相结合的男女两人间原有的重要社会关系,而且还可以紊乱整个相关的社会结构"。③ 由于婚姻市场缺乏足够的配对女性资源,失婚男往往将触角伸向婚内女性,为婚内女性提供了再次择偶的可能,对婚姻家庭构成或明或潜的威胁,引发婚外性关系和离婚。失婚男与已婚女性的婚外情十分普遍。山西

---

① 王跃生:《十八世纪后期中国男性晚婚及不婚群体的考察》,《中国社会经济史研究》2001年第2期,第16—29页。

② 郭松义:《清代403宗民刑案例中的私通行为考察》,《历史研究》2003年第3期,第51—67页。

③ 费孝通:《乡土中国　生育制度》,北京大学出版社1998年版,第142页。

省吕梁市中级人民法院 2006 年前 11 个月共审理了 27 例因故意杀人罪和故意伤害罪被起诉的案件,其中 17 件是因婚外情或婚外性所致,占总数的 63%。在这些案件中,扮演"第三者"身份的多是男性,且大多为光棍。[1] 在 M 镇,每个村庄都发生过一些光棍勾引有夫之妇的事件,这些故事成为村民们津津乐道的谈资。团结村村支书吴海涛介绍,村中几位失婚男在建筑工地务工。本来工地上为大家提供了免费的集体宿舍,但有两个失婚男相继离开了集体宿舍,转而到外面租房住。后来工友们才知,原来是在外面有了临时的同居对象,"都是和丈夫不在一起,一个人在城里做事的女的,这些单身汉给女的提供房租,还给些钱,就临时住在一起,也不可能结婚。"

一些丈夫在外务工的留守妇女成为失婚男觊觎的主要目标。丈夫缺席留下的情感需要、性的需要,以及体力劳动的需要,都成为留守妇女向失婚男靠拢的动力。如大坪村孙春香(47 岁)的丈夫长期外出务工,42 岁的杨元雷便经常帮她做农活,一来二去,两人发展成为情人关系。

失婚男与已婚妇女的婚外情严重破坏婚姻家庭稳定。近些年来,M 镇离婚率节节攀升,其中不少婚姻的破裂都是因为失婚男的插足。在婚姻挤压的背景下,由于有强大的替补队伍的存在,年轻女性在婚姻关系中往往以自我为中心、在男女交往中较为随意。在离婚案例中,80% 以上是由妻子提出。据香草村村支书杨锐良介绍,不少家庭妻子通过网络聊天或外出打工,"跟别人好上了,婚姻就拆散了。有的女的跑了,也不办离婚手续。等到再婚时,再回来办理。离婚后女方容易再婚,但不少男的就返回光棍了","男的稍弱点,别人一裹(方言,指诱惑)女的,女的就跑了"。在陌庄、香草、新村等村,离婚率高达 40% 以上,其他离婚率低的村也在 20%—30% 左右,正常的婚姻家庭规则、道德秩序面临着无序失范的风险。M 镇还发生过几起因这种婚外情引发的家庭惨剧。

---

[1]　贺丹:《吕梁婚姻背后的情杀与仇杀》,《人民法院报》2006 年 12 月 22 日。

越是挤压严重的村庄,婚姻家庭道德的约束力也越弱。许多村民反映,现在村中男性"没有老婆的四处讨老婆,有老婆的要守住老婆。"为了防范妻子被村中的光棍盯上,不少家庭改变了以往妻子留守在家、丈夫外出赚钱的家庭策略,要么夫妻双双外出务工,要么都不外出。村干部在调解此类纠纷时,往往鼓励夫妻带上孩子一同外出,呼吁已婚男守住媳妇。在双双外出的家庭,由于城市无法容纳农民工孩子上学,以及城市生活开销大等原因,绝大多数家庭将孩子留在村庄,成为留守儿童,带来一系列教育问题。而双双留守的家庭,却因为当地就业机会少而在经济上陷于贫困。

三、社会性别关系的转换

按照市场经济的供需规律,供求变动引起价格变动,供小于求时,商品价格上涨。根据这一规律,婚姻市场上女性短缺会引起女性地位的提升。但实证研究的结果却并未简单地印证这一逻辑。有研究发现,男性的婚姻挤压并没能拯救女性,反而将其置于更不利的地位,"在高性别比例的社会中,女性的'增值'反而使她的生活选择更局限。这看似矛盾,但我们的研究结果发现,在女性缺乏时,男性则拥有强大的权力,这一切造成高结婚率、高生育率、低婚外生育率及低离婚率。而高生育率也有助于匡定和约束女性所起的作用。在女性短缺的社会中,相比男性,他们的识字率和就业率低,自杀率高。因此在当今的社会权力架构下,女性人数的缺乏对女性反而不利。"[1]"女性在高性别比的社会中是处于不利的地位的,第一,她们原本已经很低的社会地位会变得更低……第二,当女性稀少时,她们被绑架及买

---

[1]　Scott J.South,Katherine Trent,"Sex Ratios and Women's Roles:A Cross-National Analysis",*American Journal of Sociology*,1988,93(5).p.1112.

卖的可能性大增……第三,当年龄层较高的男性都想娶年纪低的女性为妻时,新娘的年龄降低了……第四,同样违背常理的是,在高性别比的社会中,人口生育率不一定低。因为男性对女性的控制变严,强迫每个女性所生的胎数更多……第五,在高性别比例的社会中,女性做娼妓者众。"①但也有研究发现,高性别比对女性意味着更好的教育和更优越的就业环境,但就业机会可能会降低,②女性短缺有可能导致女性社会地位的提高。③ M 镇婚姻市场性别比失衡对社会性别关系产生了哪些影响呢? 本书通过已婚夫妻的权力关系和女性地位的变化两个维度来分析。

(一) 已婚群体的夫妻权力关系

夫妻权力即"夫妇各自的能力的相互影响,衡量权力一般以谁来做决定和谁来执行决定为尺度"④,通俗地说,就是谁拥有更多的家庭实权。关于夫妻权力的决定因素,有三种有影响力的理论:资源理论认为个人的社会经济资源包括受教育程度、职业阶层、收入、社会地位方面具有比较优势,即对家庭发展贡献较大的一方在夫妻权力中占据优势;⑤文化规范论认为社会文化环境,如社会性别规范、宗教信仰是影响夫妻权力关系的重要因素;⑥

---

① [美]瓦莱丽·M.赫德森、[英]安德莉亚·M.邓波尔:《光棍危机——亚洲男性人口过剩的安全启示》,邱彰译,中央编译出版社 2016 年版,第 192—196 页。

② Lena Edlund, Hongbin Li, Junjian Yi. Junsen Zhang, 2009. "Sex Ratios and Crime: Evidence From China", *IZA Discussion Papers*, 2007, 95(5). pp.1520-1534.

③ Shuzhuo Li, Quanbao Jiang, Marcus W Feldman, *The Male Surplus in China's Marriage Market: Review and Prospects*, Springer Netherlands, 2014(3). pp.77-93.

④ [美]罗斯·埃什尔曼:《家庭导论》,潘允康、张文宏译,中国社会科学出版社 1991 年版,第 445 页。

⑤ Kulik Liat, "Marital Power Relations, Resources and Gender Role Ideology: A Multivariate Model for Assessing Effects", *Journal of Comparative Family Studies*, Vol. 30, 1999, No. 2, pp. 189-206.

⑥ West, Candace and Zimmerman, "Doing Gender", *Gender & Society*. 1987, (1). pp. 125-151.

"相对的爱和需要"理论认为对婚姻依赖度较高的一方为了保持婚姻选择在日常生活中较顺从对方,因而削弱了家庭决策权,对婚姻依赖度较低或对婚姻缺乏兴趣的一方,往往执拗于自己的意志而掌握家庭决策权。①

婚姻秩序包括婚姻结合的秩序和婚姻维系的秩序。前者是择偶市场竞争中的规则;后者是指婚姻缔结之后维护婚姻的规则。婚姻市场上的性别失衡不仅扰乱了未婚男性的婚姻市场,而且冲击了已婚男性在原有夫妻权力关系中的地位。在 2000 年以前,M 镇族夫妻权力关系大致有两种模式:一是双方平等协商型,针对某件事情两人通过协商最终达成一致意见;二是一方独揽大权型,指在实力悬殊的夫妻中,处于明显优势的一方把控实权的模式。可见,夫妻权力与性别间没有必然联系,无论是丈夫还是妻子,均没有在夫妻权力博弈中运用性别工具,性别因素不足以成为左右决策的充分理由。这两种模式的形成可用资源决定论和文化规范论来得到合理的解释。家庭不仅是一个情感结合体,更是一个利益共同体,拥有较多资源如对某件事有较专业的理解、对家庭贡献大、获得社会支持多的一方,往往握有更大的家庭实权。

可是,这一夫妻权力格局在 2000 年以来面临着崩解。失婚男在未婚市场频频受挫,转而对婚姻内的女性"虎视眈眈",几乎在每个村都会有失婚男与有夫之妇婚外情发生即是明证。前述大量失婚男表达了愿意娶有婚史的女性,失婚男作为婚姻替补队员单方面的存在,打破了夫妻对婚姻依赖度的平衡。近些年 M 镇离婚率不断上升,而离婚对于男女的意义截然不同:男性一旦离婚,等待自己的可能是终生的单身,失婚男群体中就包括了离异后难以再婚的男性;而女性在再婚市场上有足够的选择余地。这与关中平原丰南村的情形类似,离婚对于男人——特别是家庭经济条件一般的男性

---

① Godwin, D. and J. Scanzoni, "Couple Consensus During Marital Joint Decision-Making: A Context, Process, Outcome Model", *Journal of Marriage and the Family*, 1989(11), pp.943–956.

来说是人财尽失,并且往往也意味着其在婚姻市场上的位置已经被边缘化,面临极大的失婚风险;而离婚对于女性来说却越来越成为一件有百利而无一害之事。女性离婚带走孩子的情况极少,她们不受孩子的牵绊,反而能够再次获得高额彩礼以及再找一个条件更好的男人。……以往的光棍可能只是婚姻市场的溢出者和失意者,而今的光棍也可能是婚姻关系维系的失败者,这便是"重返光棍"。① 在这种行情之下,已婚男为了婚姻维稳,必须树立经营婚姻的意识,小心翼翼地守护婚姻。

"相对的爱和需要"理论恰好可以解释这一趋势。"女少男多"的婚姻市场性别格局使得男性对婚姻和爱的需要和依赖远远超过女性,因而作出了以让权姿态保住婚姻的策略。② 王寨村王怀高 2005 年只身外出务工期间,妻子朱小彩与同村失婚男姜新春发生婚外情。春节期间,王怀高回到家,其母亲并未明确告诉他这一消息,但强烈要求他和妻子一起出去打工,并承诺帮忙照看孙子和家中大小事情。王怀高心中明白发生了什么事情,但还是忍气吞声原谅了妻子,过完年就带着妻子一起外出务工了。事后有人问王怀高的母亲为什么不直接告诉儿子,他母亲回答说:"我心里也是复杂得很呀,儿子在外面累死累活,还受这样的欺侮,不给儿子讲吧,觉得对不起儿子;讲了吧,一家人就散了,孙子造孽,再要找一个媳妇儿也难了,闺婚(指未婚)的男娃儿都找不到,莫说他。……只要今后媳妇儿愿意和他一起过,就行了。"此次婚姻危机就此度过。2013 年,水井村向维维的妻子冯娟在深圳务工期间与一江西籍的工友发生婚外情,向丈夫提出离婚。向维维从福建赶往深圳,请求妻子念在孩子分上,不要离婚,并承诺只要妻子愿意回心转意,自己既往不咎。妻子执意要离,但向维维请求妻子考虑半年再确

---

① 宋丽娜:《"重返光棍"与农村婚姻市场的再变革》,《中国青年研究》2015 年第 11 期,第 84—90 页。

② 尹旦萍:《土家族夫妻权力的变化及启示——以埃山村为例》,《妇女研究论丛》2010年第 1 期,第 32—38 页。

定。经过半年时间的考验，冯娟对情夫的感情日薄，幡然悔悟，向维维接受了妻子的情感回归。类似的例子几乎每村都有。这些个案警示着丈夫们，娶个媳妇不容易，因此懂得珍惜和迁让妻子，被迫在夫妻权力关系中拱手交权。权力向妻子倾斜，是男性必须支付的婚姻维系成本。而妻子们在夫妻权力较量中有些有恃无恐，常常得寸进尺、从容不迫地伸张家庭实权。如果说未婚市场男多女少对未婚男形成了婚姻机会挤压，那么对已婚男则形成了婚姻权力挤压。X 市和全国百村调查也证明，"在婚姻市场中遭受到婚姻挤压男性的婚姻质量明显低于没有遭受婚姻挤压的男性，婚姻满意度更低、婚姻稳定性更差、婚姻暴力的发生率更高。"[①]

（二）女性地位的变化

在 M 镇，男性婚姻挤压明显提高了女性的社会地位。首先，如前所述，当地夫妻权力关系发生了逆转，在夫妻权力博弈中，丈夫因害怕失婚而妥协交权，妻子步步紧逼从而攫取更多家庭实权。

其次，女性的经济参与提升了社会地位。经济独立是女性解放的基石。在全球化进程中，中国"世界工厂"的现代化路径创造出众多的女性就业岗位。大量农村女性迁徙到城市，成为全球资本主义生产流水线上的有偿劳动者，获得了比农业生产高得多、比家务劳动看得见的价值回馈，在家庭经济资本储蓄中作出了可量化的贡献。女性脱离村庄场域、进入现代化大生产的经济参与挑战了传统的"男主外、女主内"性别分工，削弱了男权的控制能量，引发了性别权力关系的重新协商和厘定，前所未有地提升了社会地位。

再次，女性的权利基本得以实现。一方面，社会公共资源的分配基本体

---

① 靳小怡、李成华、李艳：《性别失衡背景下中国农村人口的婚姻策略与婚姻质量——对 X 市和全国百村调查的分析》，《青年研究》2011 年第 6 期，第 1—10 页。

现了男女平等原则,无论是义务教育、医疗保险、社会保障的制度安排,精准扶贫、创业贷款等公共政策,还是政治参与、社会参与、劳动参与、人身权利,都受到法律制度的保障。21 世纪以来,M 镇的女孩基本上都接受完 9 年义务教育,"新农合"为妇女的健康支起了一张强大的保护网。而在私人空间,女性凭借着家庭实权,在家庭资源分配时也能体现自己的意志,保护相关权利的实现。

复次,较平等的生育性别期待已经基本形成。据村民介绍,年轻人对生育的性别期待抱着无所谓的态度,认为"生男生女一样好",许多年轻人头胎生了女孩,但拒绝生二胎,"生多了养不起"。但少数人仍然有着重男轻女的传统观念,生了女儿"表面上也喜欢,但心里不舒服"。钓鱼村村民刘清和分析说,"为什么有的生三胎、四胎? 还不是为生儿子。为什么民间生儿子的祖传偏方那么多? 还不是因为有市场。"近三年来,每村每年平均只有 1 例三孩,最近十年都没有四孩。有研究发现,在男性婚姻挤压之下,养育女儿的家庭过着从容的生活,因为他们对于女儿在未来婚姻市场的价值有足够的信心;养育儿子的家庭为了防范儿子失婚,早早就未雨绸缪,开始拼命攒钱修房,导致家庭生活品质大打折扣。……养育女孩家庭和养育男孩家庭在生活品质上的反差让村民们渐渐树立了"养女儿是福气""养儿子是压力"的生育性别观,男性婚姻挤压倒逼着生育性别期待的调整。[①]

最后,女性的婚姻自主权前所未有地高扬。今天 M 镇的婚姻市场是名副其实的女方市场,女性可以游刃有余、从容不迫地在众多男性中挑选最佳人选,并狮子大开口,提出想要的价码,男方也通过各种哄逗宠爱来稳住高价娶进的新娘。但是,适婚女性在婚姻市场上有更多的选择权,并不意味着

---

① 尹旦萍:《土家族地区出生人口性别比失衡的调查分析》,《南方人口》2011 年第 4 期,第 50—56 页。

男女真正平等。一方面,适婚女性仅是贫困地区农村妇女的一部分。她们在婚姻市场的优势,并不足以涵盖到所有农村女性群体,甚至她们的"主动"是以部分女性的"被动"为代价的,比如同为女性的失婚男的母亲,往往为儿子的无婚承担了巨大的精神压力和经济压力,已婚男性的母亲为了"拴住稳定"儿媳妇的心,不惜以各种方式屈就儿媳妇。另一方面,适婚女性在选择配偶上拥有绝对主动权,只能说明她们能够选择做谁的妻子、去谁家做儿媳妇,并不意味着女性的其他方面权利得以全面实现,在传宗接代、养儿防老等传统性别文化观念影响下,农村妇女无可选择地复制一代又一代女性的生命轨迹,以生孩子、做好家庭主妇作为价值实现的仅有方式。同时,农村社区的规则也继续维系着男性中心,出嫁女、离婚女等群体的权利被村规民约剥夺的问题在各地依然不断上演。这一切都说明了农村的性别平等远未实现。[①] 要真正实现农村的男女平等,任重道远。此外,男性婚姻挤压也导致女性成为性侵犯、性交易、拐卖的受害者(参见前述);同时,男方付出高昂代价娶回的媳妇,易被视为高价买回的"物品",并滋生严控看管的观念。

男性婚姻挤压引发的社会性别关系的转换是倡导践行"重男轻女"生育选择的男权社会始料未及的,它是男性之痛、男权之伤;对于女性而言,它是身心压抑之后的释开,是生命畏缩之后的绽放。但是,"规范两性之间的社会关系的原则——一个性别法定地从属于另一性别——其本身是错误的,而且现在成了人类进步的主要障碍之一"。[②] 无论是女性从属于男性,还是男性从属于女性,都与人类发展进步背道而驰。唯有男女平等,两性和谐,才是健康的性别文化。

---

① 南储鑫:《观察农村剩男现象需要正确的打开方式》,《中国妇女报》2016 年 3 月 1 日。

② [英]约翰·穆勒:《妇女的屈从地位》(与玛丽·沃斯通克拉夫特著《女权辩护》合编本),汪溪译,商务印书馆 1996 年版,第 225 页。

四、社会风尚废弛

婚姻是文明社会最基本的制度安排,在男性婚姻挤压的连带效应下,村庄的社会风尚也遭遇前所未有的挑战。

(一) 婚姻支付不断攀升

婚姻支付指婚姻缔结过程中男方和女方各种形式的投入和支出。一般而言,学者们普遍运用彩礼和嫁妆作为分析框架来考察婚姻支付。其中,彩礼指从男方家庭转移到女方家庭的财物,嫁妆指从女方家庭向男方家庭流动的礼物。在婚姻支付实践中,男方的支付除了彩礼外,还有一笔不菲的耗费,即男方为满足新婚夫妻居住需要的婚房和其他生活必需品的支出。此处主要分析男方的婚姻支付即彩礼和对新家庭的资助两部分。

1.彩礼

彩礼是一种包含着多重文化意义的象征符号,在不同地区有不同的表现形式。自新中国成立迄今,M 镇的彩礼在内容和形式上发生了巨大的变化。在 20 世纪 90 年代以前,彩礼以生活消耗品的实物形式出现,如一头或半头猪或两只猪腿,一定数量的大米或面条、酒,以及给新娘的衣物。在手表、呢子大衣、面霜等新鲜事物相继进入村民视野后,也进入彩礼清单。各家彩礼的具体标准依家庭支付能力而异。20 世纪 90 年代以后,彩礼在形式上发生了根本的变化,那就是实物直接折合成现金交给女方。而在现金数量上,则经历了一个节节攀升的过程,从开始的 400 元,到今天的几万乃至十几万元。

决定彩礼数额飞涨的因素,除了现代化过程中的趋利动力、社会经济的迅速发展,更主要的是婚姻市场上女孩的稀缺。供需失衡导致男女双方在彩礼谈判中远远偏离了平等协商的原则。"现在女方说要多少彩礼就是多少，你家里出不起这个钱，别人家出得起"，大坪村村支书汪侍才介绍说。女方压倒性的资源优势产生的说一不二的要价能力，确立起了彩礼市场"还价免谈"的潜规则。但即便如此，彩礼数额仍大致有一个数值范围，"公认的彩礼标准被少数富余的村庄精英抬高，其他人碍于面子和为了能在彩礼竞争中胜出，选择彩礼的标准只能向上看齐。……在婚姻市场的竞争中，女方不会因为男方可能无法承担而降低结婚成本的标准，婚姻成本的竞争和攀比因此在农村普遍存在。这是天价彩礼背后的现实逻辑。"[1]彩礼从量力而行的象征性礼物变成了随行就市的硬指标。

阎云翔将彩礼的攀升解释为"新郎新娘小夫妻的利益推动了他们去索要更高的彩礼和嫁妆……彩礼不再是两个家庭之间礼节性的礼物交换或者支付手段，而是财富从上一代往下一代转移的新途径"，是年轻的婚姻当事者通过婚姻支付合谋从父辈转移财产的谋划。[2] 这并不符合 M 镇的逻辑，因为儿子的婚姻是全家的共同任务，几乎所有父母都愿意倾其所有，甚至举债来解决儿子的婚姻大事。即便形成家庭财产代际转移的结果，也并非儿子与未来媳妇的合谋，而是当地婚姻市场的行情所致。同时，彩礼对其他资源其有替代和补偿作用，男方通过高额的婚姻支付来弥补自身条件的不足，抬高自身在婚姻市场的估值，增加结婚机会。

在现实中，彩礼谈判已经不是女方筛选配偶的环节，其实早在建立婚姻契约之前，女方就对男方的支付能力有了估判。只有有支付能力的男方，才初步进入谈婚论嫁的考虑范围。有意思的是，越是条件优越、少子的男方，女方对彩礼的要求越低。越是女性短缺的地方，越是条件差的男方家庭，女方的要价越高昂。江源村牟启建的女儿牟婷婷与镇上王大有的独子建立了

---

① 兰德华：《"婚姻挤压"下农村剩男何去何从》，《工人日报》2016 年 3 月 3 日。

② ［美］阎云翔：《私人生活的变革：一个中国村庄里的爱情、家庭与亲密关系（1949—1999）》，龚小夏译，上海书店出版社 2006 年版，第 173—175 页。

恋爱关系。王大有家在镇上修有四层楼房,一楼经营超市,二楼自住,其余则出租,家庭年收入 50 万元,家庭总资产达 500 万以上,是镇上数一数二的殷实人家。在儿女谈婚论嫁的时候,王家托媒人去问要多少彩礼,牟家回答一分钱彩礼都不要,"迟早是他们的,要什么彩礼,说起来还不好听",原来清高脱俗的背后自有精明理性的盘算。有学者提出支付额度具有区域特征,与经济发展程度呈逆向分布,"越是贫困偏远的农村,女孩子越是有外嫁的冲动,对男方要求条件越高,所以婚姻要价就高"。① M 镇的实际也验证了这一判断。

许多人类学家认为彩礼是新郎家付给新娘家的费用,用以确认对新娘繁衍后代和家务劳动的权利的转移。娘家抚育新娘的成本因为女儿的出嫁而无法从女儿处直接得到回报,因此男方的彩礼就是对娘家的一种补偿,即婚姻偿付理论。② 一项对 20 世纪 70 年代初广东农村的研究也发现,随着女性劳动力价值增加,男方就得拿出更高的彩礼,以补偿娘家的经济损失。③ 有些学者甚至用"新娘费"的术语取代彩礼,更赤裸裸地表达了婚姻的买卖性质,新娘通过彩礼被交换的客体性,诠释了彩礼的偿付功能。而在实践中,辽宁 Q 镇曾用"养钱"来称谓男方给女方的婚姻支付。④ 但在 M 镇,彩礼的偿付特征不是很明显,因为女方一般会将彩礼的一大部分甚至还倒贴一些钱用于为女儿置办嫁妆,以资助新家庭的建立,而不是据为己有。虽然这笔钱在转了一圈后最终来到了新家庭,但它却需要男方家庭的实质性支付。

---

① 桂华、余练:《婚姻市场要价:理解农村婚姻交换现象的一个框架》,《青年研究》2010 年第 3 期,第 24—36 页。

② Freedman,"Ritual Aspect of Chinese Kinship and Marriage",In G. William Skinner. *The Study of Chinese Society:Essays*,California:Stanford University Press,1979,pp.273-289.

③ Parish,William,and Martin Whyte,*Village and Family in Contemporary China*,Chicago:University of Chicago Press,1978,p.185.

④ 刁统菊:《鸠妆与聘礼:一个学术史的简单回顾》,《山东大学学报(哲学社会科学版)》2007 年第 2 期,第 155—160 页。

2. 对新家庭的资助

除了彩礼，男方的婚姻支付还包括修房或买房、买车。M 镇和其他地区的农村一样，盖房、娶媳妇是人生头等重要的两件大事。盖一栋引领时尚的楼房是家庭殷实的外在体现，是体面生活的指标，是"引凤"的基本前提。没有新房，在婚姻市场上几乎无望，新房是进入婚姻市场的"门槛"和标配。

　　　　没有房子，谁和你结婚呀？先必须把房子修好，或者在县城买一套房，女娃儿才愿意谈，还不一定成呢？（枫树林村村民覃风来）

在 M 镇，新房几乎都是二层或三层的水泥平顶楼，一些条件好的家庭甚至修起了别墅，外墙和地面贴各式瓷砖，内墙以乳胶漆或墙纸装饰，总耗费大约在 30 万—40 万元。这些为儿子结婚准备的楼房既是村中一道道亮丽风景线，也是安抚失婚之忧的定心丸。

"任何时代的婚姻支付都是这个时代环境的婢女，婚姻支付总是被潮流牵着鼻子走。"[1]在城镇化进程中，在城镇拥有一套房，是村民追逐现代化的潮流，也成为婚姻支付的新风向。在豫北 H 镇，由于择偶的困难，在县城拥有一套住房成为一些地理环境欠佳村庄的男青年择偶的必备条件，实现婚姻成为农村男方家庭到县城买房的主要目的。[2] M 镇也是如此，不少女方都提出了在城里买房的要求。

　　　　去年我在 E 城做事，碰到了一个女娃儿，还蛮喜欢我，她要到我屋里看，我就带她回家了，她妈也一起来的。看到我们这个地方条件不好，离城里太远了，就提出要我在 C 城或者 E 城里买房。现在在城里

---

[1]　尹旦萍：《当代土家族女性婚姻变迁》，社会科学文献出版社 2009 年版，第 210 页。

[2]　栗志强：《性别比失衡背景下的农村男方婚姻支付——对豫北 H 村的调查》，中国社会出版社 2013 年版，第 92 页。

图 2　村民新修的楼房

买套房,最少也得四五十万。我家里 2014 年才给我修了新房,家里把钱都耗光了,现在真的是买不起,后来她就不愿意和我谈了,吹了。(高塘村黄维,28 岁)

城镇的一套房成为男当事人结婚与失婚的分水岭。地理条件较差的男方为了提升自己的婚姻估值,往往会提前倾全家之力,在城镇买房。不断增长的为娶媳妇买房的需求推高了 M 镇和 C 城的房价。"几年前在 C 市买一套房只要十几万元,现在要三四十万元了,好多下头的(指乡镇)来城里买房结婚",M 镇镇长黄岚介绍道。

承担不起这种婚姻支付的男方,基本上被清洗出婚姻市场,无奈接受"光棍"结局。但即便按当地标准准备好了楼房和彩礼,甚至男方品貌也不错的家庭,也不一定就能"引"来媳妇。所以,基本的物质条件仅是找媳妇的必要条件而非充分条件。在严峻的形势下,许多养育男孩的家庭只好提前进行条件准备,或主动抬高彩礼数额,或修好楼房,争取较高的市场估值。

目前的婚姻支付标准超越了一般家庭的承受能力,许多家庭耗尽半生积蓄,东拼西凑,勉强应付。有些本已脱贫致富的家庭,因儿子婚事一夜返贫,甚至债台高筑,勤扒苦挣、省吃俭用以偿还债务,成为父母后半生的主旋律。养育男孩家庭为了应对不断攀升的婚娶成本和提高婚姻市场的竞争力,倾全家之力为儿子婚事铢积寸累,在生活、教育或再生产再投资消费上拼命节俭压低,这种高储蓄、低消费的"婚姻消费"①导致当地发展动力缺失,出现弱势累积的马太效应。

　　居高不下并不断上扬的婚姻支付引起了社会的广泛关注,有人质疑这是卖女儿,②并提出要遏制这一陋俗。天价彩礼扰乱了婚姻秩序,排斥了弱势群体的婚姻机会,也招致"明码实价卖女"的嫌疑,理应进行合理引导。但值得注意的是,它不是陋俗的简单产物,而是供需失衡的婚姻市场中供需方不平等协商的必然结果,拥有稀缺女性婚姻资源的女方恃行情优势自主提价,而婚姻过剩的男方不具有讨价还价的机会。可婚姻资源与其他商品不同,任何职能部门都没有权力为私人情感领域的婚姻资源定价,在性别比畸高没有根本改变的前提下,治理高价彩礼并非是一道宣传口号或行政命令所能奏效的。

（二）社会秩序被扰乱

国内外大量研究发现,失婚男是社会秩序的破坏者。

1. 已有研究结论

　　一项对美国近代史的研究认为,缺少女性和婚姻是决定暴力和社会失序程度的两个最大因素。1946 年前的美国边疆之所以成为暴乱之地,内在

---

①　Wei,S.J.,and X.Zhang,"The Competitive Saving Motive:Evidence from Rising Sex Ratios and Saving Rates in China", *Journal of Political Economy*,2011.119(3).pp.511–564.

②　《江西现天价彩礼 68.8 万! 网友:是在卖女儿吗》,http://news.ifeng.com/a/20180303/56428293_0.shtml。

原因就是大量年轻单身男性迁移进入，引起性别比失衡，导致许多男性无法找到配偶。当年轻男性无法结婚或没有结婚，他们的社会破坏性就会增强。他们会冲击婚姻方面的法律和制度，产生婚外恋、重婚、嫖娼和强奸等现象，还会陷入无节制地酗酒、赌博、暴力、生活无序、疾病和早死。这些在社会底层、在不安全不健康的工作岗位上工作的单身男性形成了"牛仔亚文化"，携带枪支是他们的身份特征，这一特征对社区造成了巨大的威胁性。在某种程度上说，年轻单身男性在任何社会都是麻烦制造者、最不守规矩的公民。①

一项从进化心理学视角开展的研究认为，"没有女人的男人……靠特殊的暴行来竞争。24—35岁的未婚男性，谋杀他人的几率是同龄已婚男性的3倍。这一差异毫无疑问反映了已婚与未婚的不同类型……差异可能在于婚姻的'镇定效果'。谋杀并不是'不平静的'男子最有可能做的事。除了谋杀，他还会抢劫、强暴、吸毒及酗酒——以获得吸引女性的资源。他实施强奸的可能性很高。"②

一项对280位科学家传记的研究发现，科学家职业生涯中科学创造最高峰的年龄与犯罪的年龄分布曲线相似，而婚姻具有对犯罪和天才强烈中止的神奇影响，"预测一个人是否会再犯罪，最可靠的指标是婚姻。如果婚姻美满的话，他通常会停止犯罪，与他同龄的未婚同道则会继续罪恶生涯。"③无独有偶，一项对500名年龄从青少年到32岁的男性罪犯，以及72名70岁以上罪犯的生命史的研究发现，与未婚状态的男性相比，结婚能够将犯罪的可能性平均减少35%，强劲支持了生命过程中婚姻对犯罪的抵制

① Courtwright, David T., *Voilent Land: Single Men and Social Disorder from the Friontier to the Inner City*, Cambridge, Mass.: Harvard University Press, 1982, pp.2-94.

② Robert Wright, *The Moral Animal: Why We Are, the Way We Are: The New Science of Evolutionary Psychology*, New York: Pantheon, 1994, p.100.

③ Satoshi Kanazawa, "Why Productivity Fades with Age: The Crime-Genius Connection", *Journal of Research in Personality*, Vol.37(2003), pp.257-272.

功能。①

对中国历史的实证研究同样证明了失婚男对社会稳定的威胁。明清时期"光棍"是流氓的别称。史籍载："有等凶恶之徒，三五成群，恃仓场收放以为营生，号为搂扒，或称为光棍，或作为小脚等项名色。"清《六部成语注解·刑部成语》对"光棍"一词的注解为"诈骗之匪也。""光棍"有时又被称为"打光棍游食之徒""打光棍浪子"，或叫"打光棍之徒"，或简称"打光棍"，不一而足。② 由是可见，在中国历史上，"光棍"对社会的危害及这一语词的贬损之义。

如前所述，中国历代都存在性别比偏高的问题，贫困潦倒的底层男性是性别失衡的最终承受者。大量研究表明，这些了无牵挂、生无所恋的被迫单身男性是历代流民游民、秘密帮会、土匪团伙的主要社会基础，历史上的暴动与规模巨大的被动单身群体间存在关联。"嘉庆三年破获的台湾淡水小刀会（天地会支派）12 人中，年龄分布为 21—48 岁，均无妻室儿女，其中有两人父死母嫁，原籍都在闽南一带。这种贫困潦倒、无恒产牵挂、无家室拖累的青壮男子尤易轻去其乡，外出谋生"。③ "天地会起义和台湾罗汉脚等历史事件证明了底层光棍是起义的重要组织者和参与者。……高性别比的国家比正常性别比国家的暴力犯罪率高得多"。④ "在反政府甚至反社会的帮会、邪教、土匪中，'光棍'们是一支推波助澜、破坏性极大的力量。……他们那种扭曲、变态的心理会推动他们干出更多的非理性的、玉石俱焚的破坏活动。"⑤"在清代，无法婚娶的男子是社会中最不稳定的成员，极易走向

① Sampson R. J., Laub J. H., Wimer C., "Does Marriage Reduce Crime? A Counterfactual Approach to Within-Individual Causal Effects", *Criminology*, 2006, 44(3), pp.465-508.
② 周积明主编：《中国社会史论》（上卷），湖北教育出版社 2000 年版，第 690 页。
③ 周育民、邵雍：《中国帮会史》，上海人民出版社 1993 年版，第 66 页。
④ 姜全保、李树茁：《女性缺失与社会安全》，社会科学文献出版社 2009 年版，第 67 页。
⑤ 谭平：《性比例失调与国家的治乱兴衰》，《成都大学学报（社科版）》2002 年第 3 期，第 24—29 页。

犯罪道路,致使社会正常的生产秩序被破坏"。①

究其原因,挑战社会秩序是失婚男为生存所迫的无奈选择。这些人无家无室,了无牵挂,上山为匪的可能性远远大于正常婚配的男子,而他们加入匪帮的一个重要目的也就是满足自己正常的生理需要。②"在当时以土地的多少来衡量个人的声望和规定自己社会地位的农村社会,对于那些没有土地,甚至穷到连老婆都娶不上的男青年来说,再也没有比走这条路(指当土匪)更容易'升官发财'了。"③

从一定意义上说,婚姻是社会的天然黏合剂。与已婚男性相比,失婚男破坏性行为更强,他们与社会格格不入,缺乏住家男人的责任感,容易放浪形骸,及时行乐④。同时,那些在女性择偶评价系统中估值低的男性更可能采取更激烈的行为来证明自己的男性身份,以期获得女性的关注和青睐,这些行为包括身体侵害、吸毒酗酒、抢劫、性犯罪。他们得不到社会的认同,干脆把微薄的薪水花在赌博、酗酒、吸毒及嫖妓上,他们常在享乐时发生暴力行为,并对社会产生极坏的影响。⑤ 一方面,他们成为侵犯他人的犯罪主体;另一方面,他们也容易被违法犯罪分子利用、怂恿和蛊惑去从事一些违法犯罪活动,⑥成为共犯或受害者。有统计表明,在过去的二十年间,犯罪率增长了近一倍,而这与人口性别比失衡直接相关。根据1988—2004年省

---

① 杨剑利:《近代华北地区的溺女习俗》,《北京理工大学学报》2003年第4期,第79—81页。

② 宋大鹏:《近代山东土匪问题研究》,山东师范大学2005年硕士学位论文,第28页。

③ 吕伟俊、王耀生:《北洋军阀统治时期山东土匪成因浅析》,《烟台大学学报(哲学社会科学版)》1997年第3期,第88—93页。

④ 转引自[美]瓦莱丽·M.赫德森、[英]安德莉亚·M.邓波尔:《光棍危机——亚洲男性人口过剩的安全启示》,邱彰译,中央编译出版社2016年版,第180—181页。

⑤ [美]瓦莱丽·M.赫德森、[英]安德莉亚·M.邓波尔:《光棍危机——亚洲男性人口过剩的安全启示》,邱彰译,中央编译出版社2016年版,第182页。

⑥ 孙江辉:《男女性别比失衡与违法犯罪问题研究》,中国政法大学2006年硕士学位论文。

一级的数量,性别比每增长1%,社会上的暴力和财产犯罪率将增长3.7%。因为性别比失衡导致的犯罪率升高占了1/6。① 处于弱势且缺乏向上流动资本的失婚男,往往基于体力建立一种生存路径——以暴力和越轨的方式攫取他们无法以合法途径触及的东西,产生偏离主流社会价值的行为。姜全保等建立的人口性别比和犯罪率之间的随机效应模型研究显示,我国人口性别比升高对犯罪率上升有非常显著的影响,人口性别比每提高0.01(正常值为1.06),犯罪率上升3.03%。② 大量被迫失婚男性的地域性集中会导致聚众酗酒、聚众斗殴、聚众滋事等群体性恶性治安事件,还会冲击本地区的伦理道德体系,甚至有可能引发社会震荡,并为社会风险的放大奠定社会民众基础。③ 可见,积累了大量失婚男性的贫困地区,是一个危险的地区,甚至可能成为境内外敌对分子蛊惑、利用的重点。

2. M镇失婚男的社会失范

M镇失婚男群体构成十分复杂,一部分是过于老实的人,他们多既无外出闯荡赚钱的本领,也无哄逗女孩的能力。即便是对自身境况不满,至多不过以喝酒、抽烟、生闷气等方式来自我排解。一部分自身有一定的能力,囿于地理位置、经济条件、家庭结构等因素被淘汰出婚姻局。这部分人在社会生活实践中容易分化,有的遵规守法,踏实勤恳,好好经营单身生活,期待着惊喜出现;有的灰心丧气,玩世不恭,稍有外界的诱惑或遇上不顺心的事情,便不计后果地任性行事,铤而走险,孤注一掷,极易违法犯罪。还有一部分人因年少时父母疏于管教而形成了扭曲的人生观和价值观,染上不良习气导致在熟人社会声名不佳,从而被挤出婚姻市场。后面两部分失婚男易

① Lena Edlund, Hongbin Li, Junjian Yi. Junsen Zhang, 2009. "Sex Ratios and Crime: Evidence from China", *IZA Discussion Papers*, 2007, 95(5) pp.1520-1534.

② 姜全保、李波:《性别失衡对犯罪率的影响研究》,《公共管理学报》2011年第1期,第71—80页。

③ 刘慧君、李树茁:《性别失衡背景下的社会风险放大及其治理——基于群体性事件的案例分析》,《中国软科学》2010年第5期,第152—160页。

成为社会秩序的挑战者和僭越者。

一是沉迷于不良风气。由于缺乏正确的人生观价值观引导,自我期望值低滑,自我约束力孱弱,在"今朝有酒今朝醉"、及时行乐的心理驱动下,他们易耽于感观刺激,养成一些不良嗜好。

> 村里只要有几个讨嫌的单身汉,就搞不好了。我们村里有几个,一天到晚不做事,到处晃来晃去,游手好闲,家里看不惯,总是吵架,还把一些年轻人带坏了,把整个村子里的风气都带坏了。(高塘村村支书黄阳春)

> 单身汉过了今天不管明天,天天打牌赌博,只要有人喊打牌,妈老汉儿死了都顾不上了,一打一通宵,找几个钱都赌完了。(大坪村村支书汪侍才)

> (旺兴村胡家兴,37岁)年轻的时候没有什么坏习惯,勤快,懂事,对父母也好,赚的钱都拿回家了。这些年来年龄越来越大,找媳妇儿的希望越来越小,就开始变得不逗人作(方言,指讨人喜欢)了,埋怨父母没有给他找到媳妇,只要在家里,天天约人打牌,天天喝酒,喝得醉醺醺的。(旺兴村村支书王尚元)

由于特殊的生活状态和心理状态,少数失婚男身上集中了乡村社会各种不良气息,他们从婚姻失败者发展为形象失败者,并形成涟漪效应,将这些负面风习扩展到整个村庄,影响乡风文明建设。

二是形成失婚男亚文化。在人口流动不畅的传统社会,出生人口性别比失衡引起的光棍呈散点状且大致均匀分布,一定范围内婚姻过剩绝对人口规模较少,对社会的负面影响处于弥散状态,对社会运行并不构成危害。在人口流动的大背景下,由于结构性的原因造成特定区域内大量男性婚配困难。他们处于社会的最底层,多屈就一些低层次、危险、重劳力或季节性的工作,频繁换工作,与同类一起形成了亚文化圈,是高性别比社会中过剩男性的典型标志。基于这些标志,过剩男性高频出现在边疆地区、劳工聚集地及游民"社群"中。① 相同或相似的社会处境、社会歧视、精神寂寞、心灵空虚的烦闷,成为困扰失婚男的共同问题。为了获得一种代偿性的安慰,他们产生了建立新的社会关系网络,以寻求身份认同、互相提携、尊严的集体保护等社会需求。便捷快速的网络、四通八达的交通为他们的聚合提供了得力的支持,一个短信、一条微信、一次饭局都是聚合的上好媒介,"人以群分"的交往逻辑将一个个分散的个体联结成为非正式组织的伙伴团体,实现了从零散分布到集中聚集的转变。

　　现在找不到媳妇儿的人多了,他们经常聚在一起玩,自称为"光棍协会",正经的事、不正经的事,都在搞。(红树村村支书段有来)

　　几个单身汉拢堆(指在一起)了,肯定不会做出好事情来。他们无牵无挂的,怎么高兴怎么搞。有一次,他们几个人到高塘村去找媳妇儿,看到一个女娃儿就去撩,说些粗话,那个女娃儿回去喊了几个人,双方打了一架,一个额头上还被打了一棒,开花(指打破)了,缝了 8 针。(旺兴村村支书王尚元)

个体虽势单力薄,但团结一致则力量无穷。有着强烈负面情绪的个体一旦聚集起来,将形成一个强大的负面情绪磁场。失婚男在社会交往中逐渐达成群体的认同、共同的利益和稳定的纽带,成为一个与其他群体分裂隔绝、关切迥异、界线明显的相对孤立的亚文化群体,反叛性、反社会性、无确定的价值尺度是其精神标签,反社会的人格叠加自暴自弃心态,极易滋生对

---

① ［美］瓦莱丽·M.赫德森、［英］安德莉亚·M.邓波尔:《光棍危机——亚洲男性人口过剩的安全启示》,邱彰译,中央编译出版社 2016 年版,第 178—181 页。

其他群体的仇视,甚至以越轨的方式报复社会。于是,分散的社会矛盾可能成为集聚的社会矛盾,个体的问题可能成为群体的问题,甚至会发展成严重的社会问题。

三是违法犯罪。一些别有用心的带有黑社会性质的组织或者个人利用失婚男"无儿无女,无牵无挂,无后顾之忧"的心理特征,灌输反社会的意识和江湖义气,通过小恩小惠,拉拢引诱他们加入非法团伙,教唆他们从事违法犯罪活动,聚众斗殴,抢劫闹事。

> 结了婚的男的,有媳妇儿,有子女,做事就要考虑后果,要为后人留下余地,不能胡乱来,不能犯法,要养育子女,不能去做冒险的事情。……没有媳妇儿的男的,反正光棍一条,天不怕,地不怕,也不用为子孙后代积德,想怎样就怎样,无所谓的,所以容易走邪路。(秋木村村支书黄建国)

> 拿他们(失婚男)没办法,他一个人,无牵无挂,稍不如意,就走极端,不讲理,我们的工作不好开展,有时候只好迁就他们。还不敢和他们把关系搞僵了,尽量把关系搞好,请他给面子,才能把工作做下去。(红树村村支书段有来)

失婚男是社会结构中婚姻市场里失败者的集合,他们拥有相对一致的社会背景和阶层属性,主张同样或类似的社会需求,经受同样或类似的社会困难,忍受同样或类似的社会排斥,形成同样或类似的对社会的漠视或反感的态度和情感,可能采取同样或类似的触犯法律法规的社会治安行为甚至违法犯罪行为。[1] 同时,无家、无产、无后这些特征如标签一样粘贴在失婚

---

① 邓希泉:《婚姻挤压对社会稳定的影响研究》,《青年探索》2010 年第 6 期,第 17—21 页。

男身上,阻碍着他们正常生活和发展机会。不少工厂的管理者更青睐已婚者,因为他们上有老、下有小,安分守己、易于服从。反之,失婚男可能是一个麻烦制造者、事端挑衅者,一个不受欢迎的劳务供给者。单身身份带来的社会排斥将失婚男置于发展更加不利的局面,从而形成恶性循环。

一般而言,社会具有自我修正的能力,只要失婚男数量和社会危害控制在社会发展可承受的范围内,不超出社会的自我修正能力,就不会对社会产生颠覆性影响。但当失婚男的数量和危害程度超出了社会的自我修复能力时,失婚男群体甚至成为谋划有组织的反社会行为的温床,对社会产生溃疡般的腐蚀作用。

(三) 传统伦理式微

婚姻市场上女性短缺哄抬了女性身价,少数女方被身价陡涨冲昏了头脑,赤裸裸的利益考量战胜了伦理底线,催生了一系列失范行为。如橡树村赵宁涛(21 岁)与石坝村刘婷婷订婚了。在婚前协议中,刘婷婷明确提出新房产权归属小家庭,婚前债务与小家庭无关,并且提出自己只赡养婆婆、公公由赵宁涛的弟弟赡养等要求。这些附属条件竟然作为婚姻缔结的条件堂而皇之摆上了婚姻的谈判桌。几乎在每一个村,都有年轻小夫妻住装修一新的楼房,年老的父母住低矮旧房;年轻小夫妻大手大脚花钱,年老的父母省吃俭用;年轻小夫妻游山玩水、好吃懒做,年老父母勤扒苦挣、侍候儿孙的现象,村民似乎也司空见惯,习以为常。这些行为冲击了村庄的传统风尚,摧毁了家庭伦理,催生了畸形的代际关系。

五、养老之虞

种族绵延是人们所要达到的目的之一,而婚姻制度则是建立双系抚育、进而绵延种族的保障。① 在一个有着"养儿防老"传统、今天仍然提倡和执行家庭养老制度的国度,由于失婚男无机会组建以自己为轴心的核心家庭,使得婚姻家庭的养老功能阙如:一方面,失婚男单身凄苦的生活状态,不能很好以儿子身份履行对父母的孝养;另一方面,失婚男无法实现种族的延续,不仅在一定程度上丧失了生活信心和目标,而且无法获得子辈对自己年老时的孝养。因而失婚男对政府和社会养老产生高度依赖,是未来中国一个庞大的待政府养老人群。今天的光棍,就是明天的"五保户";今天的"光棍村",就是未来的"五保户村"。许多失婚男的父母兄妹忧虑的不仅是失婚男当前的生活状况,而是年老力衰后的赡养问题。这些失婚男是如何规划自己的老年生活的呢?

(一) 养老规划

在被问及未来的赡养主体时,一部分失婚男表示靠侄辈帮助:

> 我有房子,有地,还有山,现在都很值钱,一个地基都可以卖好几万了。我现在还年轻,可以找钱。到时候如果哪个侄儿子愿意养我,我就把这些财产全给他。(双林村黄佩江,42 岁)

> 我老了外侄们养。我三个妹妹的儿女们对我好,他们读书、结婚,我都给了钱的,他们像对妈、老汉儿一样对我。等我实在动不了了,他们会养我。(沿江村牟琼斌,47 岁)

一部分失婚男表示靠自己年轻时多进行财富积累来养老:

> 没有人靠,就靠自己。那些有儿子的,儿子也不怎么养老的。你看

---

① 费孝通:《乡土中国 生育制度》,北京大学出版社 1998 年版,第 100—124 页。

我们村里,那些儿子媳妇儿是怎样养父母的?只要自己能生活,就靠自己。实在不行了,总有办法的,我还有财产呢,财产可以变卖成钱。(高坡村熊仁高,46岁)

等到老了,我无儿无女的,没人管我,所以趁现在年轻,能做事,多做点,存点钱养老。(旺兴村胡家兴,37岁)

我们农村里,老了哪个养你呀?表面上是说儿子养,其实哪个不是自己养的,只要还有一口气,都要去做事、去种地,直到倒在床上实在不行了,倒床了也就撑不了几天了,就死吧,无所谓,哪个不死呀?(沿江村毛亚辉,49岁)

能动的时候个人(指自己)养个人,不能动了,死了,自然有人会埋。没人埋也无所谓,反正自己不知道了。(双林村谭在文,49岁)

有不少人寄希望于政府提供的公共养老服务:

现在这么多人找不到媳妇儿,国家应该帮忙养老。(白羊村蒋国武,36岁)

有敬老院呢,等我老了的时候,应该建得很好了。(江源村刘西凯,35岁)

社会进步快着呢,以前这里公路都没有,这几年政府不是把沥青马路都修好了吗?以前没饭吃没人管,现在政府不是都解决了吗?政府有办法的,相信政府,相信党,不会让我们饿死、病死没人管的。(大坪村张尚久,41岁)

我不担心,现在的敬老院,条件比好多家庭还好些,天晴下雨不用愁,都有吃的,还有专人做吃的,老了就去敬老院。(石坝村覃宗宝,44岁)

老了哪个养?看共产党怎么说,相信党会养的。(溪流村刘扬清,45岁)

还有相当多的人表示"没想过"。目前婚姻市场上因性别比失衡而导致的失婚男大多在 45 岁以下，年富力强，且大都有一门技艺，无论是在外地的劳务市场，还是在本地的劳务市场，都能有不错的收入。在"找不到媳妇儿"的"近忧"下，尚没有"远虑"规划，再加上由于没有家室的管束拖累，与同村的同龄已婚男性相比，他们在经济上更加宽裕自由。至于养老，他们认为那是很遥远的事，"想那么远干什么？车到山前必有路，船到桥头自然直"，"把今天过好，以后的事以后再说"。王跃生对冀西北赤城县农村的调查结果显示，"大龄未婚男性对老年后生活费用供养和照料方式的期盼具有被动特征。青年和中年阶段他们缺少主动性养老安排措施和明确的未来养老打算。"①这一结论与本书的情形十分相似，这些正处于青年和中年阶段的失婚者缺乏主动养老安排的明确规划和具体措施，在养老预期上具有被动特征。

传统无子家庭或光棍通过过继或领养方式继嗣并养老。在江苏江边村，失婚男过继子女、领养子女现象十分普遍。其中，有 3 位从兄弟那里过继子女，有 1/3 通过各种途径实现了"抱养"或"收养"小孩。没有收养小孩的失婚男，都表示渴望"收养"孩子，作为将来生活的一种寄托。② 而在今天的 M 镇几乎没有，"（过继或领养）不现实，年轻的时候总想着说不定可以找到媳妇儿，所以不会弄（指领养）个孩子。等年龄大了，既找不到孩子，也没有能力养孩子了"，旺兴村村支书王尚元介绍说。在 M 镇乡村，孩子已成为每一家的宝贝，健康的孩子是抢手货，没有谁家愿意将自己的孩子过继给一个单身汉。而通过民政领养的渠道对单身汉来说也不太现实：一是民政机构收养的孩子大多存在着身体或精神的缺陷，单身汉不会领养一个无法担负起养老责任的孩子；二是失婚男不具备合法收养孩子的条件。

---

① 王跃生：《大龄未婚、失婚男性的居住方式和养老状况——以冀西北农村调查为基础》，《中国社会科学院研究生院学报》2012 年第 5 期，第 129—136 页。
② 彭大松：《村落里的单身汉》，社会科学文献出版社 2017 年版，第 152 页。

（二）现行农村养老制度

目前涉及农村居民养老的制度安排包括社会养老保险、最低生活保障、医疗保障和"五保"供养制度。本书以湖北省为例，分析展望农村失婚男的养老问题。

根据新型农村社会养老保险的规定，"中央确定的基础养老金标准为每人每月 55 元。地方政府可以根据实际情况提高基础养老金标准，对于长期缴费的农村居民，可适当加发基础养老金，提高和加发部分的资金由地方政府支出"，"年满 60 周岁、未享受城镇职工基本养老保险待遇的农村有户籍的老年人，可以按月领取养老金。"湖北省基础养老标准为 80 元/月。按照现在的物价水平，这一标准对于维持一个人的正常生活无异于杯水车薪、微不足道。

2009 年，湖北省民政厅印发《湖北省最低生活保障工作规程》："最低生活保障标准，由设区的市级或县级人民政府按规定权限确定或调整。城市保障标准可按当地最低工资标准的 50%确定，但不应低于当地政府公布最低工资标准的 40%；农村保障标准原则上应达到城市保障标准的 40%。""对未享受五保待遇，无生活来源、无劳动能力、无法定赡养、扶养（抚养）人或赡养、扶养（抚养）人无赡养、扶养（抚养）能力的鳏寡孤独农村低保家庭，可参照分散五保供养标准核定补助资金"。C 市低保实行 5 级分层，标准分别是 100 元/月、160 元/月、180 元/月、210 元/月和 300 元/月。层级较低的低保标准根本难以维持正常的生活。

新型农村合作医疗制度的基本原则是"以大病统筹为主"，意味着那些在门诊就诊的小病、慢性病产生的费用则不在保险范围以内，对于无经济来源的失婚老年人群是一个压力。

2015 年修订的《湖北省农村五保供养条例》，对保障供给对象作出规定，"无劳动能力、无生活来源且无法定赡养、抚养、扶养义务人，或者其法定赡养、抚养、扶养义务人无赡养、抚养、扶养能力的农村居民，享受农村五保供养待遇。"从条例对供养对象的规定看,丧失了劳动能力的失婚老人被划归为"五保"之列。从保障的内容看,"(一)供给粮油、副食品以及生活用燃料;(二)供给服装、被褥等生活用品和零用钱;(三)提供符合基本居住条件的住房;(四)提供疾病治疗、日常诊疗,对生活不能自理的给予照料;(五)办理丧葬事宜。"从供给方式看,"供养对象有权选择供养形式,可以选择当地供养服务机构集中供养,也可以选择在家分散供养。"①以上可见,失婚男性在年老无依后可免除养老的后顾之忧。截至2014年底,湖北省享受农村"五保"供养待遇人员有25.7万人,其中分散供养对象18.6万人,集中供养对象7.1万人。② 大部分老人选择了分散供养的方式,究其原因,是他们认为集中供养不自由等。

而在未来几十年中,随着几千万失婚男性陆续进入老年、失去劳动和生活能力,社会的养老负担会不断加大,全社会的"五保"供养能力能不能满足所有的失婚老人? 在待供给数量持续膨胀的局势下,供给的质量能不能保证? 这都是亟须思考并提前筹划的重大事项。

男性婚姻挤压不单是某个特定群体无法婚配的问题,还是一个不断扩展的社会问题,它通过微观层次上的发展失序和行为失范,波及整个社会;无数个失婚男的个体累加,将使失婚风险扩大并演变为宏观的社会风险。今天,大量失婚男扎堆的后果主要出现在乡村社会,但在社会流动的环境中,这些后果不断向城市、向全社会流动。谁也无法置身于外,独善其身。所以,男性的婚姻挤压带来的是一个普遍受损的结局。特别是在社会转型期的中国,各种社会问题和矛盾错综复杂,男性婚姻挤压问题与其他社会问题和矛盾相互交缠、相互裹挟,必然会阻碍社会的和谐稳定和可持续发展。

有研究认为中国的"光棍危机"已经对国际社会的稳定和平构成了威

---

① http://www.hbmzt.gov.cn/xxgk/ywb/cxdb/lltt/201510/t20151009_218047.shtml.

② http://legal.people.com.cn/n/2015/1127/c42510-27863770.html.

胁,有学者通过分析清代男性婚姻挤压与捻军叛乱、危害清政权的关系,提出当前中国的性别失衡可能危及地区或全球安全;①还有人提出"极度的性别失衡和性别歧视,有可能会对环境和人类安全带来严重影响"②的忧虑。就本书调查的结果来看,这可能有点夸大其词甚至耸人听闻。不过,贫困地区农村男性严重的婚姻挤压对区域社会和整个国家确有不利影响。

---

① Therese Hesketh.2009,"Too Many Males in China:the Causes and the Consequences", *Significance* 6(1).pp.9-13.Therese Hesketh,Zhu WeiXing,"Abnormal Sex Ratios In Human Populations:Causes and Consequences",*Proceedings of the National Academy of Sciences*,2006.103(36).

② [美]瓦莱丽·M.赫德森、[英]安德莉亚·M.邓波尔:《光棍危机——亚洲男性人口过剩的安全启示》,邱彰译,中央编译出版社 2016 年版,第 244—247 页。

第六章　结论与对策

通过对贫困地区农村男性的婚姻挤压程度、原因、失婚男个体的生活状态及社会危害的实证研究和理论阐释，得出本书的结论，提出一些思考，并提出一系列对策建议。

一、结论与思考

由于全国范围内婚龄人口性别比失衡，贫困地区农村女性可婚资源外流，导致大量本地男性无妻可娶，成为渴望结婚却无法结婚的"失婚男"。失婚男群体的存在是中国目前和将来很长一段时间内不得不面临的社会问题。游离于婚姻之外的失婚男生活质量低下并承受着多重压力。这一研究结论验证了研究假设。

出生人口性别比失衡势必导致婚姻市场上的性别结构失衡，自古及今的光棍群体现象即是明证。在"男多女少"的婚姻市场，男性下调择偶期望、运用婚姻策略以委曲求全，甚至失婚单身，而女性则能泰然自若、游刃有余并稍向上攀，"抬头嫁女、低头娶亲"的谚语生动反映了男女在婚姻市场中的姿态和地位。在广大贫困地区农村，有大量男性找不到婚配的对象，无妻可娶，被迫单身，被排斥于婚姻生活之外，无法享受婚姻、家庭的多重生理社会功能，茕茕孑立，踽踽独行。这不得不引起我们的思考：在中国特色社会主义新时代,如何构建和弘扬中国特色社会主义的性别文化,推动社会性别主流化,构建公平公正的性别制度和政策,创造和谐的性别关系?

二、对策与建议

因出生人口性别比失衡而导致的贫困地区农村男性婚姻挤压刚进入初始状态,其后将不断扩展蔓延至少半世纪。贫困地区农村男性婚姻挤压不仅是私人问题,更是公共政治问题,是国家宏观人口性别结构失控、区域发展不平衡等共同因素作用的结果,因此这一问题必须而且也能够通过一系列制度改革、政策创新、文化引导和具体措施来破解。

在调查中,大量失婚男表示"最缺的是老婆",表达了进入婚姻的强烈诉求。政策干预男性的婚姻挤压不是指狭隘简单地给无妻可娶的男人"找个女人",而是通过一系列公共政策和干预措施,增加贫困地区男性在婚姻市场的估值,提高他们在婚姻市场竞争能力,提供更多与女性交往交流的机会,与整个婚姻市场的男性公平竞争,争夺有限的婚姻资源。婚姻挤压的治理对象不仅包括既有的失婚男,还包括未来将进入婚姻市场的男性。

中国是人口大国,也是社会主义国家,有着其他国家完全不同的国情。因此,男性的婚姻挤压问题的治理不能照搬照抄其他国家,而是应该在现有的制度框架内,积极探索适合中国国情的路径和方法。特别需要指出的是,解决男性婚姻挤压问题不仅需要准确的数据,而且要有足够的人文关怀,因为每一个数字背后,都是一个有血有肉有欲求的人。只有从增强人民归属感、幸福感、尊严感的立场出发,才能真正制定出可行有效的举措。

(一) 控制出生人口性别比

男性婚姻挤压问题不单是"男性问题",更是一个深层次的女性问题。

男性为什么会"过剩"？说到底是基于性别歧视人为地改变了自然出生人口的性别。男性婚姻挤压问题本质上是人权问题，是女性的生命权和男性的婚姻权、性权利问题，但同时又是发展问题。性别平等是世界各国共同奋斗的目标，也是评价一国发展进步的天然尺度。1995年，在北京召开的第四次世界妇女大会通过的《行动纲领》中，明确提出了社会性别主流化的倡议，并将以此作为提高两性平等的一项全球性策略。其含义是指在各个领域和各个层面上评估所有有计划的行动（包括立法、政策、方案）对男女双方的不同含义。作为一种策略方法，它使男女双方的关注和经验成为设计、实施、监督和评判政治、经济和社会领域所有政策方案的有机组成部分，从而使男女双方受益均等，不再有不平等发生。将社会性别纳入主流的最终目标是实现男女平等。作为第四次世界妇女大会的东道国，中国政府提出了"男女平等基本国策"，将性别平等上升到基本国策的高度，足见党和政府对性别平等的重视。男性婚姻挤压的治本之策，便是进一步推动男女平等的真正实现。

一是宣传男女平等基本国策。通过宣传，让健康的性别观念深入人心，促使全社会形成"生男生女一样好"的生育性别期待。要树立女儿也能养老、传宗接代的观念；要宣扬男女平等，塑造先进的性别文化。

二是切实提高女性地位。虽然新中国成立以来中国女性地位有了实质性提升，但是市场经济以来，在消费主义思潮、等价交换理念的影响下，女性被客体化、工具化和性化现象凸显，女大学生的求职歧视、职业女性的双重角色紧张和职业天花板等问题愈演愈烈，农村女性土地权、继承权被剥夺、家庭暴力等现象十分普遍，"养儿防老""嫁出去的女儿泼出去的水"等观念根深蒂固，"女不如男"的传统性别偏见仍惯性向前延伸，这些现象与男女平等的倡议背道而驰。在一定的范围内，女性地位有所下滑。女性地位低下的羸弱现实，支撑不起"生男生女一样好"的宏大愿景。要维护女性权利，切实提高女性地位，用女性获得的发展成就和地位来确认女性的生命价值,倡扬男女平等的理念。

三是完善人口和婚姻政策法规,积极治理出生性别比失衡。这是治理男性婚姻挤压的治本之策。虽然未来出生人口性别比的正常化并不能减少已经出生的过剩男性,但可以在一定程度上减缓婚姻挤压的程度、缩短婚姻挤压持续的时间,并早日实现婚姻市场的性别平衡。早在 2002 年,国家卫生和计划生育委员会就颁发了《禁止非医学需要的胎儿性别鉴定和选择性别人工终止妊娠的规定》。2016 年,新修订的《规定》明确了医学诊断程序,对"不得实施选择性别人工终止妊娠"作出了更具体的划分,加大了违法的处罚力度。

经过两次立法调整,出生人口性别比失衡的问题有所减缓,从 2010 年至 2015 年,我国出生人口性别比呈逐年下降趋势,依次分别为 117.94、117.78、117.70、117.60、115.88、113.51。国家卫生计生委官员表示,在相当长的一段时期,中国仍将是世界上出生人口性别结构失衡最严重的国家,性别失衡问题仍将是影响中国人口均衡发展与社会和谐稳定的重大隐患,出生人口性别比综合治理工作依然任重道远。① 政府控制出生人口性别比的目标是到 2020 年我国出生人口性别比下降到 112 以下,逐渐缓解男女比例失衡的局面。联合国认定了出生性别比的通常值域为 102—107 之间,其他值域则被视为异常。即便是 2020 年将这一数值下降到 112,这一数值仍然超出正常值。建议加大惩处力度,用刚性约束来管控人为的性别比失衡问题,这是管根本、管长远的战略。

四是让人们认识到男孩偏好与男性婚姻挤压的直接相关关系,认识到有选择地生育男孩对个体、家庭和社会带来的负面后果。找媳妇难已经成为村民的共识。但村民们只知道本地姑娘嫁到外地了,还有人认为沿海发

---

① 张璋:《卫计委:中国仍是出生人口性别失衡最严重国家》,光明网,2016 年 10 月 11 日,http://politics.gmw.cn/2016-10/11/content_22395187.htm。

达地区剥夺了本地的女性婚姻资源,导致本地婚姻市场上女性短缺,却无人与全国范围内的人口性别比失衡联系起来。因此,要通过宣传教育,让人们清醒意识到人为干预出生人口性别的社会后果,正确认识男性婚姻挤压的原因,反省并端正自身的生育行为。

(二) 促进经济社会跃进式发展

婚姻贫困与经济贫困是一对孪生子,东部发达地区和中西部地区经济发展水平的巨大落差,是本地可婚女性的大量外流的原始而强劲的动机。贫困地区的经济发展水平与外部的差距不缩小,未来男性的婚姻挤压会更严重。要留得住"乡村女孩、乡村爱情",必须加大精准扶贫战略的实施力度,利用精准扶贫的政策和资金,加快贫困地区农村经济社会发展步伐,改善经济社会发展状况,缩小地区间的经济发展不平衡,从源头减少成婚困难男性。要突出产业扶贫,通过区域产业的可持续发展,让更多的农村姑娘在本地务工,不让发达地区抢夺本地婚姻资源,避免婚龄人口性别比例失衡。同时,要通过乡村振兴战略,改善农村居住环境,实现"水电路网"村村通,推进城镇化建设,与城市现代生活方式接轨;改善农村生态环境,将"脏乱差"的旧农村打造成洁绿亮美的新农村;发展现代农业,加强农村社会治安治理,让农民安其居、乐其业。只有经济差距缩小了,农村生活越来越有比较优势了,就会有越来越多的农村女性愿意选择留在本地。

(三) 提升男性婚姻市场估值

普及高中阶段教育,提高农村青年受教育水平,培养他们适应知识经济、信息经济时代的能力和素质,是提升他们婚姻市场估值的最根本手段。现代经济科技的发展,对劳动者文化素质提出了更高的要求。目前农村已全面实行9年义务教育。鉴于高中阶段教育支出较高,为一些贫困家庭的学生进入高中阶段学习提供制度保障是当务之急,要努力办好公平优质多样的高中阶段教育,确保到 2020 年如期实现普及高中阶段教育的战略目标。

劳动力市场上的竞争力与婚姻市场的竞争力成正比。加大对男性的免费职业技能培训和就业的支持力度,让他们拥有一技之长;鼓励大龄男性利用当地的资源优势,因地制宜地发展地方特色产业,政府提供资金支持或贷款优惠,聘请专家提供技术咨询和指导;与经济发达地区的一些企业联合开展用工培训和劳务合作,推动区域"联网",为男性提供就业信息和途径。

(四) 打造婚姻信息平台

《中长期青年发展规划(2016—2025 年)》指出,"支持开展健康的青年交友交流活动,重点做好大龄未婚青年等群体的婚姻服务工作。规范已有的社会化青年交友信息平台,打造一批诚信度较高的青年交友信息平台。依法整顿婚介服务市场,严厉打击婚托、婚骗等违法婚介行为。充分发挥工会、共青团、妇联等群团组织和社会组织的作用,为青年婚恋交友提供必要的基础保障和适合青年特点的便利条件。"具体到贫困地区,打造婚姻信息平台应从以下方面入手:

一是巩固传统婚介市场。媒人介绍是农村几千年沿袭的婚姻缔结方式,是熟人社会有效的婚姻缔结纽带。这种方式下,双方知根知底,信息交互性强,来源可靠,有利于配偶选择的理性和婚姻的稳固。因此,应该确认媒人的价值,鼓励媒人为未婚群体提供更多婚恋信息。

二是规范婚介机构。婚介机构信息量大,信息发布主体多元、渠道多元,但目前这一市场的信息造假现象较为严重,甚至有打着婚介幌子从事违法犯罪的行为。因此,亟须规范婚介市场,扩大婚姻信息量,特别是搭建贫困地区农村社区婚姻信息平台,并实现信息共享,为农村较弱势群体提供更多的婚姻信息。

（五）探索对失婚男群体的社会帮扶和治理措施

建立婚姻状况统计和监测制度,时时了解和监控失婚男的数量变化、生产生活情况、行为动向、精神状况,及时提供生活上的救助,及时发现问题、化解矛盾。失婚男是多重资源劣势积累效应导致婚姻估值劣势的特殊群体,在村落文化中处于边缘位置,不仅承受着无妻无家的凄惨无依,还要面临村庄舆论的压力。帮助成立失婚男的互助协会,扩大他们的社会支持网络,让他们在协会中寻找价值认同和情感依托,相互交流慰藉,相互监督,共同协作面对生活中的具体困难。同时,基层组织要对这类协会进行积极正面引导,防止失婚男亚文化的出现。倡导培育积极向上、健康合法的生活理念和方式。举办文体活动,鼓励失婚男参加,督促社会融合。净化社会环境,加强对色情文化载体和活动的管理和控制,塑造风清气正的乡风民俗。

培养失婚男自尊自信自强自立的意识,防止出现自暴自弃的心理,引导他们调整心态,正视问题,转移注意力;要让他们认识到,婚姻只是实现人生价值的一个方面,婚姻失败并不意味着人生失败,学会去追求生活中另样的价值和美;加强对失婚男的心理疏导,提供心理咨询和心理治疗等服务,及时缓解精神压力和心理障碍;尊重并理解失婚男的思维方式和生活方式,养成当面或背后不谈论别人是非的村风,营造宽松的社会环境和和谐的氛围,减轻失婚男的舆论压力,维护失婚男的心理健康。

此外,倡导新型婚恋观念与习俗,如倡导健康的婚恋择偶观,重视爱情在婚姻中的作用,降低物质在婚姻中的地位,鼓励女性再婚,理解与宽容男小女大婚姻、入赘婚等多样化婚姻形式。保障再婚女性、入赘男性在土地、财产继承、政治参与、经济发展方面的权益不受侵犯。解决失婚男社会养老的刚性需求,加大对男性婚姻挤压程度深的贫困地区农村养老机构的建设力度,满足逐渐增长的养老刚性需求;建立低收入保险和养老专项计划,为未来养老提供保障,或助其老有所养,减轻他们对未来无子女养老的后顾之忧,稳定平和他们的心态,增强其社会公平性和获得感。

参考文献

一、经典文献

《战国策》。

《礼记》。

《大清会典事例》。

《利川县志》卷三。

《鹤峰州志续修》卷十二。

《龚自珍全集》，上海人民出版社 1975 年版。

《郑观应集》，上海人民出版社 1982 年版。

《谭嗣同全集》，天津古籍出版社 2016 年版。

《马克思恩格斯选集》第 1 卷，人民出版社 2012 年版。

《马克思恩格斯选集》第 3 卷，人民出版社 2012 年版。

《马克思恩格斯选集》第 4 卷，人民出版社 2012 年版。

《马克思恩格斯文集》第 1 卷，人民出版社 2009 年版。

《马克思恩格斯文集》第 3 卷，人民出版社 2009 年版。

《马克思恩格斯文集》第 9 卷，人民出版社 2009 年版。

《马克思恩格斯全集》第 3 卷，人民出版社 1965 年版。

二、中文文献

蔡昉、张车伟主编：《中国人口与劳动问题报告》，社会科学文献出版社

2015 年版。

费孝通:《乡土中国 生育制度》,北京大学出版社 1998 年版。

国家统计局:《中国统计年鉴》(2016),中国统计出版社 2016 年版。

《中国人口和就业统计年鉴》(2016),中国统计出版社 2017 年版。

姜全保、李树茁:《女性缺失与社会安全》,社会科学文献出版社 2009 年版。

李树茁、姜全保、费尔德曼:《性别歧视与人口发展》,社会科学文献出版社 2006 年版。

李艳、李树茁:《农村大龄未婚男性的社会支持网络》,社会科学文献出版社 2011 年版。

李银河:《性的问题·福柯与性》,文化艺术出版社 2003 年版。

栗志强:《性别比失衡背景下的农村男方婚姻支付——对豫北 H 镇的调查》,中国社会出版社 2013 年版。

梁景和等:《现代中国社会文化嬗变研究(1919—1949)——以婚姻·家庭·妇女·性伦·娱乐为中心》,社会科学文献出版社 2013 年版。

刘慧君、李树茁:《性别失衡的社会风险研究——基于社会转型背景》,社会科学文献出版社 2014 年版。

刘利鸽、靳小怡、费尔德曼:《婚姻挤压下的中国农村男性》,社会科学文献出版社 2014 年版。

潘绥铭:《存在与荒谬——中国地下"性产业"考察》,群言出版社 1999 年版。

彭大松:《村落里的单身汉》,社会科学文献出版社 2017 年版。

孙国群:《旧上海娼妓秘史》,河南人民出版社 1988 年版。

王米渠、王颖冰:《男女心理差异》,安徽人民出版社 2009 年版。

王铭铭:《人类学讲义稿》,世界图书出版公司 2011 年版。

王书奴:《中国娼妓史》,岳麓书社 1998 年版。

王跃生:《社会变革与婚姻家庭变动——20 世纪 30—90 年代的冀北农村》,生活·读书·新知三联书店 2006 年版。

杨斌:《农村男性弱势群体的婚姻边疆化问题研究——以贵州为例》,中国社会科学出版社 2010 年版。

杨洁曾、贺宛男:《上海娼妓改造史话》,上海三联书店 1988 年版。

尹旦萍:《当代土家族女性婚姻变迁》,社会科学文献出版社 2009 年版。

张群林、李树茁、[法]阿塔尼·伊莎贝拉:《中国农村大龄未婚男性:性现状、性风险和性安全》,社会科学文献出版社 2015 年版。

周积明主编:《中国社会史论》(上卷),湖北教育出版社 2000 年版。

周育民、邵雍:《中国帮会史》,上海人民出版社 1993 年版。

白志红、李文钢:《佤族男性婚姻挤压及夫妻年龄差研究》,《西南民族大学学报(人文社会科学版)》2011 年第 8 期。

曹树基、陈意新:《马尔萨斯理论和清代以来的中国人口——评美国学者近年来的相关研究》,《历史研究》2002 年第 1 期。

蔡建文:《中国新生儿性别失调现象调查》,《记者观察》2003 年第 3 期。

陈友华、米勒·乌尔里希:《中国的男性过剩人口——规模、结构、影响因素及其发展趋势分析》,《市场与人口分析》2001 年第 3 期。

邓国胜:《中国生育率下降的代价:婚姻拥挤》,《社会科学》2000 年第 7 期。

邓希泉:《婚姻挤压对社会稳定的影响研究》,《青年探索》2010 年第 6 期。

刁统菊:《鸠妆与聘礼:一个学术史的简单回顾》,《山东大学学报(哲学社会科学版)》2007 年第 2 期。

桂华、余练:《婚姻市场要价:理解农村婚姻交换现象的一个框架》,《青年研究》2010 年第 3 期。

郭秋菊、靳小怡:《婚姻挤压下父母生活满意度分析——基于安徽省乙县农村地区的调查》,《中国农村观察》2012 年第 6 期。

郭松义:《清代 403 宗民刑案例中的私通行为考察》,《历史研究》2003年第 3 期。

郭志刚、邓国胜:《中国婚姻拥挤研究》,《市场与人口分析》2000 年第3 期。

何生海:《婚姻地域挤压的社会学分析》,《贵州大学学报(社会科学版)》2012 年第 1 期。

黄匡时、嘎日达:《社会融合理论研究综述》,《新视野》2012 年第 6 期。

黄玉琴:《礼物、生命仪式和人情圈——以徐家村为例》,《社会学研究》2002 年第 4 期。

姜全保、李晓敏、Marcus W.Feldman:《中国婚姻挤压问题研究》,《中国人口科学》2013 年第 5 期。

姜全保、李波:《性别失衡对犯罪率的影响研究》,《公共管理学报》2011年第 1 期。

靳小怡、李成华、李艳:《性别失衡背景下中国农村人口的婚姻策略与婚姻质量——对 X 市和全国百村调查的分析》,《青年研究》2011 年第6 期。

靳小怡、谢娅婷、韩雪:《婚姻挤压下农村流动人口的生育性别偏好——基于相对剥夺感视角的分析》,《人口学刊》2013 年第 3 期。

靳小怡、谢娅婷、郭秋菊、李艳:《"光棍"聚集与社区公共安全——全国百村调查的研究发现》,《西安交通大学学报(社会科学版)》2012 年第6 期。

金一虹:《流动的父权:流动农民家庭的变迁》,《中国社会科学》2010年第 4 期。

康建英、朱雅丽、原新:《中国出生性别比偏高及未来女性赤字预测》,《南方人口》2006 年第 2 期。

李强:《影响中国城乡流动人口的推力与拉力因素分析》,《中国社会科学》2003 年第 1 期。

李艳:《农村大龄未婚男性与已婚男性心理福利的比较研究》,《人口与发展》2009 年第 4 期。

李艳、帅玉良、李树苗:《农村大龄未婚男性的社会融合问题探析》,《中国农村观察》2012 年第 6 期。

李煜:《婚姻匹配的变迁:社会开放性的视角》,《社会学研究》2011 年第 4 期。

刘彩清:《少数民族男性青年婚姻挤压问题初探——以贵州省雷山县平祥村苗寨为例》,《经济研究导刊》2016 年第 3 期。

刘慧君、李树苗:《性别失衡背景下的社会风险放大及其治理——基于群体性事件的案例分析》,《中国软科学》2010 年第 5 期。

刘慧君:《脆弱性视角下农村大龄未婚男性的生存质量:现状与未来——基于陕南地区的调查研究》,《人口与社会》2017 年第 1 期。

刘利鸽:《婚姻挤压下农村残疾男性的婚恋机会和婚姻策略》,《青年研究》2017 年第 1 期。

刘利鸽、靳小怡:《社会网络视角下中国农村成年男性初婚风险的影响因素分析》,《人口学刊》2011 年第 2 期。

刘燕舞:《农村光棍的类型及其变迁机制研究——一种人口社会学的分析》,《中国农业大学学报(社会科学版)》2011 年第 3 期。

刘中一:《婚龄性别比失衡对社会运行和发展的影响——来自吉林省延边朝鲜族自治州农村地区的调查分析》,《东疆学刊》2005 年第 4 期。

吕伟俊、王耀生:《北洋军阀统治时期山东土匪成因浅析》,《烟台大学学报(哲学社会科学版)》1997 年第 3 期。

马健雄：《性别比、婚姻挤压与妇女迁移——以拉祜族和佤族之例看少数民族妇女的婚姻迁移问题》，《广西民族学院学报（哲学社会科学版）》2004 年第 4 期。

孟阳、李树苗：《性别失衡背景下农村大龄未婚男性的社会排斥——一个分析框架》，《探索与争鸣》2017 年第 4 期。

仇立平：《职业地位：社会分层的指示器——上海社会结构与社会分层研究》，《社会学研究》2001 年第 3 期。

石人炳：《婚姻挤压和婚姻梯度对湖北省初婚市场的影响》，《华中科技大学学报》2005 年第 4 期。

宋大鹏：《近代山东土匪问题研究》，山东师范大学 2005 年硕士学位论文。

宋丽娜：《"重返光棍"与农村婚姻市场的再变革》，《中国青年研究》2015 年第 11 期。

宋少鹏：《性的政治经济学与资本主义的性别奥秘——从 2014 年"东莞扫黄"引发的论争说起》，《开放时代》2014 年第 5 期。

孙江辉：《男女性别比失衡与违法犯罪问题研究》，中国政法大学 2006 年硕士学位论文。

孙炜红、谭远发：《1989—2030 年中国人口婚姻挤压研究》，《青年研究》2015 年第 5 期。

谭平：《性比例失调与国家的治乱兴衰》，《成都大学学报（社科版）》2002 年第 3 期。

谭朝霞：《北京改造妓女纪实》，《档案时空》2004 年第 11 期。

王蔷：《江西古代溺婴陋习漫谈》，《南方文物》2004 年第 4 期。

王跃生：《18 世纪中国婚姻论财中的买卖性质及其对婚姻的作用》，《中国经济史研究》2001 年第 1 期。

王跃生：《大龄未婚、失婚男性的居住方式和养老状况——以冀西北农村调查为基础》,《中国社会科学院研究生院学报》2012 年第 5 期。

王跃生:《十八世纪后期中国男性晚婚及不婚群体的考察》,《中国社会经济史研究》2001 年第 2 期。

韦艳、张力:《农村大龄未婚男性的婚姻困境:基于性别不平等视角的认识》,《人口研究》2011 年第 5 期。

谢娅婷、靳小怡、杜海峰:《婚姻挤压对中国农村不同群体安全感的影响——基于全国百村调查数据的分析》,《西北农林科技大学学报(社会科学版)》2015 年第 5 期。

徐晓秋:《贫困农村大龄未婚男性心理福利研究——贵州 CS、XF 县为例》,浙江大学 2014 年博士学位论文。

杨剑利:《近代华北地区的溺女习俗》,《北京理工大学学报》2003 年第 4 期。

杨雪燕、[法]阿塔尼·伊莎贝拉、李树苗:《大龄未婚男性的男男性行为及其对公共安全的意义:基于中国农村性别失衡背景的研究发现》,《中国软科学》2012 年第 5 期。

杨雪燕、[法]阿塔尼·伊莎贝拉、李树苗:《性别失衡背景下大龄未婚男性的商业性行为——基于中国农村地区的研究发现》,《人口学刊》2013 年第 1 期。

尹旦萍:《土家族夫妻权力的变化及启示——以埃山村为例》,《妇女研究论丛》2010 年第 1 期。

尹旦萍:《土家族地区出生人口性别比失衡的调查分析》,《南方人口》2011 年第 4 期。

余练:《婚姻连带:理解农村光棍现象的一个新视角——对鄂中和鄂东三村光棍成窝现象的解释》,《人口与经济》2017 年第 1 期。

余练:《多重边缘者:基于对 D 村光棍群体社会地位的考察》,《南方人口》2011 年第 6 期。

张群林、[法]阿塔尼·伊莎贝拉、杨雪燕:《中国农村大龄未婚男性的性行为调查和分析》,《西安交通大学学报(社会科学版)》2009 年第 6 期。

周长城、刘红霞:《生活质量指标建构及其前沿述评》,《山东社会科学》2011 年第 1 期。

三、译著及外文文献

[法]安德烈·比尔基埃等主编:《家庭史》,袁树仁等译,生活·读书·新知三联书店 1998 年版。

[美]杜赞奇:《文化、权力与国家:1900—1942 年的华北农村》,王福明译,江苏人民出版社 2004 年版。

[美]古德:《家庭》,魏章玲译,社会科学文献出版社 1986 年版。

[美]贺萧:《危险的愉悦:20 世纪上海的娼妓问题与现代性》,韩敏中、盛宁译,江苏人民出版社 2003 年版。

[美]加里·贝克尔:《家庭论》,王献生、王宇译,商务印书馆 2005 年版。

[美]莫妮卡·亨宁克、[荷]英格·哈特、[荷]阿杰·贝利:《质性研究方法》,王丽娟等译,浙江大学出版社 2015 年版。

[英]莫里斯·弗里德曼:《中国东南的宗族组织》,刘晓春译,上海人民出版社 2000 年版。

[美]罗斯·埃什尔曼:《家庭导论》,潘允康、张文宏译,中国社会科学出版社 1991 年版。

[美]施坚雅:《中国农村的市场和社会结构》,史建云、徐秀丽译,中国社会科学出版社 1998 年版。

[美]瓦莱丽·M.赫德森、[英]安德莉亚·M.邓波尔:《光棍危机——亚洲男性人口过剩的安全启示》,邱彰译,中央编译出版社 2016 年版。

[奥]西格蒙德·弗洛伊德:《性欲三论》,赵蕾等译,国际文化出版公司2000 年版。

[美]阎云翔:《私人生活的变革:一个中国村庄里的爱情、家庭与亲密关系(1949—1999)》,龚小夏译,上海书店出版社 2006 年版。

[美]阎云翔:《礼物的流动:一个中国村庄中的互惠原则与社会网络》,李放春、刘瑜译,上海人民出版社 2000 年版。

Akers,Donald S.,"On Measuring the Marriage Squeeze",*Demography*,1967,4(2).

Avraham Ebenstein,Ethan Jennings,"Bare Branches,Prostitution,and HIV in China:A Demographic Analysis",In *Gender Policy and HIV in China*,2009(22).

Avraham Ebenstein, Ethan Jennings Sharygin, "The Consequences of 'Missing Girls' in China",*The World Bank Economic Review*,Advance Access Publication,2009,Vol.23,NO.3.

Barrett A.E.,"Social Support and Life Satisfaction among the Never Married:Examining the Effects of Age",*Research on Aging*,1999(21).

Cacioppo J.T.,Cacioppo S.,"Social Relationships and Health:The Toxic Effects of Perceived Social Isolation",*Soc Personal Psychol Compass*,2014 Feb 1,8(2).

Christophe Z.Guilmoto, "Skewed Sex Ratios at Birth and Future Marriage Squeeze in China and India,2005-2010",*Demography*,2012,Volume 49,Issue 1.

Courtwright,David T.,*Voilent Land:Single Men and Social Disorder from the Friontier to the Inner City*,Cambridge,Mass.:Harvard University Press,1982.

Das Gupta,Monica,Avraham Ebenstein,Ethan Jennings Sharygin,"China's Marriage Market and Upcoming Challenges for Elderly Men",*The World Bank Policy Research Paper* WPS5351,2010.

Das Gupta,LI S.,"Gender Bias in China,South Korea and India 1920-1990:The Effects of War,Famine,and Fertility Decline",*Development and*

Change,1999.30(3).

David M.Heer and Amyra Grossbard—Shechtman, "The Impact of the Female Marriage Squeeze and the Contraceptive Revolution on Sex Roles and the Women's Liberation Movement in the United States,1960 to 1975", *Journal of Marriage and the Family*,1981.43(1).

Dickemann, "Paternal Confidence and Dowry Compitition: A Biocultural Analysis of Purdah",in Richard D.Alexander and Donald W.Tinkle,eds.,*Natural Selection and Social Behavior: Recent Research and New Theory*,New York: Chiron,1981.

Ebenstein,A.Y.,and E.Sharygin, "Bare Branches,Prostitution,and HIV in China: A Demographic Analysis",In *Gender Policy and HIV in China*,edited by Joseph D.Tucher,and Dudley L.New York:Springer.2009.

Edwards,J.N., "Family Behavior as Social Exchange",*Journal of Marriage and the Family*,1969,31(3).

Fraboni,R.and Billari,F.C., "Measure and Dynamics of Marriage Squeezes:From Baby Boom to Baby Bust in Italy",MPIDR WORKING PAPER WP 2001 – 005. Retrieved from http://www. demogr. mpg. de/Papers/Working/wp-2001-005.pdf.2001.

Freedman, "Ritual Aspect of Chinese Kinship and Marriage",In G.William Skinner,*The Study of Chinese Society: Essays*,California: Stanford University Press,1979.

Greitemeyer,T., "What Do Men and Women Want in a Partner? Are Educated Partners Always More Desirable?",*Journal of Experimental Social Psychology*.2007,43(2).

Godwin,D.and J.Scanzoni, "Couple Consensus During Marital Joint Decision—Making:A Context,Process,Outcome Model",*Journal of Marriage and the*

Family, 1989(11).

Goldman N., Hu Y., "Excess Mortality among the Unmarried: a Case Study of Japan", *Social Science & Medicine*, 1993, 36(4).

Guttentag, M., and P.F.Secord, *Too Many Women: The Sex Ratio Question*, Sage Publications Beverly Hills, 1983.

Hesketh, T., "Too Many Males in China: the Causes and the Consequences", Significance 6(1), 2009.

Josh Angrist, "Consequences of Imbalanced Sex Ratioes: Evidence From America's Second Generation", National Bureau of Economic Research Working Paper No.8042, 2000.

Karen Seccombe, Masako Ishii-Kuntz, "Gender and Social Relationships Among the Never-Married", *Sex Roles*, 1994, 30(7-8).

Kyle D.Crowder, Stewart E.Tolnay, "A New Marriage Squeeze for Black Women: The Role of Racial Intermarriage by Black Men", *Journal of Marriage and Family*, Volume 62, Issue 3, 2000.

Kulik Liat, Marital Power Relations, "Resources and Gender Role Ideology: A Multivariate Model for Assessing Effects", *Journal of Comparative Family Studies*, Vol.30, 1999, No.2.

Lena Edlund, Hongbin Li, Junjian Yi. Junsen Zhang, "Sex Ratios and Crime: Evidence From China", IZA Discussion Papers, 2007, 95(5).

Lichter, D.T., LeClere, F.B.and McLaughlin D.K., "Local Marriage Markets and Marital Behavior of Black and White Women", *The American Journal of Sociology*, 1991, 96(4).

Lichter, D.T., Anderson, R.N., Hayward, M.D., "Marriage Markets and Marital Choice", *Journal of Family Issues*, 1995, 16(4).

Malzberg, B., "Marital Status and the Incidence of Mental Disease", *Inter-*

national Journal of Social Psychiatry, 1964, 8(5).

Meng, L., "Bride drain: Rising Female Migration and Declining Marriage Rates in Rural China", Working Paper, Xiamen University Department of Economics, 2009.

Parish, William, and Martin Whyte, *Village and Family in Contemporary China*, Chicago: University of Chicago Press, 1978.

Poston, Dudley L. Jr. and Karen S. Glover, "Too Many Males: Marriage Market Implications of Gender Imbalances in China", Genus LXI 2, 2005.

Robert H. Coombs, "Marital Status and Personal Well-Being: A Literature Review", *Family Relations*, Vol. 40, No. 1(Jan, 1991).

Robert Wright, *The Moral Animal: Why We Are, the Way We Are: The New Science of Evolutionary Psychology*, New York: Pantheon, 1994.

Sampson R. J., Laub J. H., Wimer C., "Does Marriage Reduce Crime? A Counterfactual Approach to Within-Individual Causal Effects", *Criminology*, 2006, 44(3).

Satoshi Kanazawa, "Why Productivity Fades with Age: The Crime-Genius Connection", *Journal of Research in Personality*, Vol. 37(2003).

Scott J. South, Katherine Trent, "Sex Ratios and Women's Roles: A Cross-National Analysis", *American Journal of Sociology*, 1988, 93(5).

Shackelford, Todd K., David P. Schmit, and David M. buss, "Universal Dimensions of Human Mate Preferences", *Personality and Individual Differences*, 2005, 39(2).

Shinji Anzo, "Measurement of the Marriage Squeeze and its Application", 《人口学研究》1985(5).

Shuzhuo Li, Quanbao Jiang, Marcus W. Feldman, *The Male Surplus in China's Marriage Market: Review and Prospects*, Springer Netherlands, 2014(3).

Stone, E. A., T. K. Shackelford, and D. M. Buss, "Sex Ratio and Mate Preferences: A Cross-cultural Investigation", *European Journal of Social Psychology*, 2007.37(2).

Therese Hesketh, and Zhu WeiXing, "Abnormal Sex Ratios In Human Populations: Causes and Consequences", *Proceedings of the National Academy of Sciences*, 2006.103(36).

Tucker, J. D., G. E. Henderson, TF Huang, W Parish, SM Pan, XS Chen, and MS Cohen, "Surplus Men, Sex Work, and the Spread of HIV in China", *AIDS*. 2005,19(6).

Veevers Jean E., "The 'Real' Marriage Squeeze: Mate Selection, Mortality, and the Mating Gradient", *Sociol Perspect*, 1988 Apr;31(2).

Walter R. Gove, "Sex Marital Status and Mortality", *American Journal of Sociology*, 1973,79(1).

Wei, S. J., and X. Zhang, "The Competitive Saving Motive: Evidence from Rising Sex Ratios and Saving Rates in China", *Journal of Political Economy*, 2011.119(3).

Wen Shan Yang and Ying-ying Tiffny Liu, "Gender Imbalances and the Twisted Marriage Market in Taiwan", Seminar on Female Deficit in Asia: Trends and Perspectives, Singapore, 2005.

West, Candace and Zimmerman, "Doing Gender", *Gender & Society*, 1987, (1).

Wilson, W. J., *The Truly Disadvantaged: The Inner City, the Underclass, and Public Policy*, Chicago: University of Chicago Press, 1987.

Xueyan Yang, Shuzhuo Li, Isabelle Attané, and Marcus W. Feldman, "On the Relationship Between the Marriage Squeeze and the Quality of Life of Rural Men in China", *American Journal of Men's Health*, 2016, 19.